找到人生方向的一頁夢想地圖

柳時泉——著
黃菀婷——譯

One Page Dream Map

contents

PART 2

設計專屬「夢想地圖」 123

contents

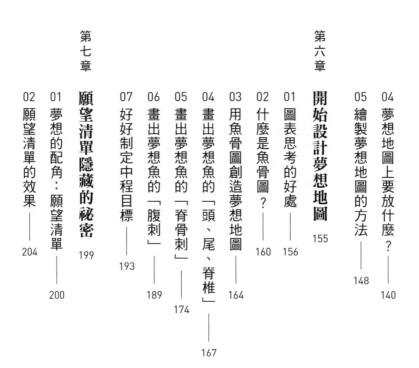

PART 3 實現夢想的輔助技能

contents

序言

如果想對人生有百分百的信心

如果你能有一張夢想地圖，讓人生計劃展現在眼前，會如何呢？你就不再會迷失方向，而能朝生活目標前進。地圖能清楚地指出前進的道路，人生不是被賦予的，而是自己創造的，但很多時候，我們不知道如何創造它。每天認真生活，所有的問題就能迎刃而解嗎？並非如此。缺乏目標與計劃，就像沒有設計圖，隨便蓋房子一樣，就算多努力生活也毫無用處。無論做什麼事，我們都要設定目標，要有一張能有效到達目標的地圖才行。因此，如果你想擁有充滿自信的人生，你就必須準備你的人生計畫──「夢想地圖」。

就算到目前為止，你因為日常種種瑣事而心力交瘁，無法實現夢想，你也用不著氣餒。我們的人生不是池塘上漂浮的水草，而是牢牢扎根於堅實土壤裡的樹木，就算被連根拔起，就算只剩根部，只剩下夢想的起點，我們依然能隨時萌發新芽，所以你要做的只有重新找回夢想。

夢想是人生的根基，也是矯正你歪斜人生的最後支柱。

本書介紹了過去沒有人介紹過的「夢想地圖」的製作方法，也告知你如何將它作為日常生活的能量來源。這是關於通過一張簡單明瞭的夢想地圖，去尋找不迷路的人生、屬於所有人的人生規劃指南。

我在大學教授資訊設計❶課程多年，利用資訊設計的技巧，我們能把過去只存在於心中的模糊概念實體化。而一直停留在我們身邊，卻缺乏具體型態的，就是「夢想」。無論年紀大小，每個人都能完成屬於自己的清晰夢想地圖。當你完成它的時候，將會發生你從未想過的事——你能親手觸摸珍貴的夢想，並且實現它。

夢想地圖的概念簡單介紹如下：它就像連結現在與未來的骨牌，為了讓名為「現在」的骨牌能遇見名為「未來」的骨牌，我們必須在中間添加一些骨牌，它們是「從現在出發到實現未來夢想」旅程中的低層級目標。當你能描繪出這樣的畫面時，你就能製作出「未來─現在」和「現在─未來」之間的有機夢想地圖。當你親眼看見地圖上的骨牌們，你就能重新矯正過去歪斜扭曲的日常面貌，對人生充滿信心，也能讓未來走上你想要的方向。

這並不是難以達成的高調，也不是實現夢想的刻板故事。雖然之前沒人告訴我們，但這是每個人都能使用的方法。希望各位都能透過「夢想地圖」，實現自己的夢想，並且分享給你所愛的人。

柳時泉

二〇二〇年冬季

❶ 資訊設計（Information Design）的主旨是進行有效能的資訊傳遞，現今常見的形式有：懶人包、資訊圖表（infographic）、多媒體互動網頁、小遊戲……等。

首先，我會引導各位找到夢想。只要闡明夢想與人生之間的關係，你就能發現，長期以來被你所忽略的夢想，其意義及真正價值。讓我們一起看看擁有夢想與沒有夢想的人生，生活會有什麼變化，還有夢想是如何讓個人生活變得幸福。此外，我也會具體介紹尋找夢想種子的方法，跟如何培育夢想種子發芽成長的過程。如果你還沒有具體的夢想，希望你一定要看看這篇。

PART

1

為什麼要有夢想？

第一章

有歐洲旅遊計畫，卻沒有人生計畫？

你懷抱願望，想像著美好的人生，卻對制定真正的計畫猶豫不決？你沒準備好，就準備失敗。

01 什麼是未來記憶？

人生不是被賦予的，而是被創造的。如果有人問我創造生活的根源是什麼，我會毫不猶豫地回答：「夢想」。沒有目的意識的創造，絕對無法拓展個人人生。請你看看周遭吧，幾乎每個人都擁有關於過去的回憶，這是因為我們經常與過去的痕跡相遇。但是，我們也很常遇見無法守護現在，或是遺忘未來人生的人。那些人每天過著沒有計畫的生活，只是任憑流逝的時間奴役自己的人生。

這些人為什麼過著沒有計畫的人生呢？他們面臨的問題都出在「夢想」上。他們不了解「夢想」是多麼重要的人生資產。許多人以為「夢想」只是出現在自我介紹裡頭的陳腔濫調，也有很多人慣於用「未來期望」與「希望」一類的模糊詞彙，取代「夢想」一詞。我敢說，這些想法都錯了，錯失了夢想所隱含的實質價值。

我們過去並不知道，夢想具有強大又特別的力量，那就是讓我們記住人生軌跡，也就是對「未來記憶」的力量。什麼叫作未來記憶呢？也許你之前沒聽過，不過這是一個具有科學根據的詞彙。我們一定有制定計畫的經驗，而在適當的時機點，我們必須實行該計畫，未來記憶就是我們「把這件事存入意識當中」的一種記憶，比方說：你會記得按時餵貓吃飯、記得週末要參加高中同學會。這些事被儲存於記憶中，必要的時候，大腦會提取該記憶。未來記憶不僅僅適用於日常特定事件，在人生旅程中，它也同樣會發揮出色效用。想像一下，當你記住了關於你的未來面貌時，你的生活會發生何種變化？

為了幫助你理解，我們先來聊記憶與經驗。思考、判斷與學習是人類的代表性大腦活動。在這些大腦活動的中心有著「記憶」，因此，當一個人缺乏記憶，他的大腦將無法進行活動。舉例來說，腦退化性疾病阿茲海默症的初期患者，會出現語言功能障礙，更嚴重時，判斷力會出現異常，影響到日常生活。這全是由於「喪失記憶」之故。

那麼，我們的記憶是從何而來的呢？人類的記憶通常以過往「經驗」為基礎而形成，通過眼、耳、口、鼻輸入的外界刺激所形成的認知，積累成為經驗。當我們的手碰到熱鍋，會覺得燙，這個經驗被儲存在掌管大腦記憶的海馬迴中。我們透過五感認知的過往經驗，形成了大腦記憶。這種透過五感獲得的經驗就稱作「感官經驗」。目前說的內容不難，相信各位很容易就能理解。

既然如此，人類所有的經驗是否都與過往感官經驗相連呢？絕非如此。幸運的是，我們的記憶不僅僅是過去的經驗產物，對於充滿魅力的未來的刺激想像，也屬於記憶之一。在哲學與心理學領域，將這種經驗記憶與「感官經驗」進行比較，稱之為「感知經驗」。而腦科學領域更是進一步揭露，人類的感知經驗是如何被刺激復甦的。

當我們想像自己迫切的需求，並且保持專注，大腦神經細胞就會受到強烈的刺激。當這個過程不斷地被重複，神經細胞之間的突觸（Synapse）便會分泌神經傳導物質。神經傳導物質（Neurotransmitter）指的是某神經元向另一神經元傳遞資訊的化學物質。當神經傳導物質大量分泌與擴散時，我們銘記於心中的記憶，將會轉化為現實經驗，就像我們看小說時會對主角產生代入感，不自覺地模仿主角的說話語氣與動作。記憶轉換成現實經驗，不是有計劃的發生，而是我們的下意識反應。

我們熟知的「假性懷孕」也是代表性的感知經驗之一。有些人即使不是真的懷孕，也會發生孕吐、月經中斷或分泌乳汁等現象，甚至有人會感覺到胎動。這是長期渴望懷孕的不孕女性，身體所產生的「感知經驗」。請記住，「感官經驗」與「感知經驗」在記憶中都佔有一席之地，會深刻地影響我們的生活。

「夢想」具有力量，更詳細地說，當我們渴望實現夢想時所產生的感知經驗，會提供推動人生的巨大力量。「我絕不會錯過我的人生目標！我一定會完成那件事！只有那件事能讓我的人生變得幸福！」像這樣，請你每天都要熱切地渴望夢想。你從口中說出的內容會被存入記憶中，像唸咒語般覆誦夢想的話，走向夢想的人生軌跡，會在某一個瞬間成為現實，朝你走來。當你看清楚自己的人生軌跡，你就能看清楚整個人生，明白邁開第一步的具體方向，準備大膽奔向夢想！

02 讓現在與未來面對面的「夢想」

「夢想」不僅是未來，也無法脫離現在。我們在無意識中會認同某個人生道理，就是認為未來會自動地走向我，就像冬天的積雪自然而然地消融之際，梅花的枝頭也會自然地迎來春天般，我們認為明天也會自然到來。人生也會依循宇宙秩序制定的劇本，沿著註定的軌跡前進。我以前也是這麼認為，然而，這是無法區別「自然現象」與「社會現象」而導致的錯覺。冬去春來、新芽破土，是地球繞太陽公轉引起的自然現象。大自然是因為有著自己的規律，所以才會出現這種循環，其他的事物絕對不適用這套邏輯。

那麼，全人類和個人的未來會怎樣呢？我們所處的社會條件與環境不同，出生環境、教育水準和經濟條件不同；根據國籍的不同，宗教、政治和法律的強制力也不同。由於情況各異，在普通人的人生當中，獨特性與多樣性往往大於普遍性。舉例來說，同一所大學同科系的學生，在幾十年後的同學會上碰面，彼此過著迥然不同的人生情況屢見不鮮，要遇見相似工作圈的同學，並沒有想像中容易。畢業後站在人生的交叉路口，大家各自選擇了不同的人生。不要說大學同學了，就算是同父母所生的異卵雙胞胎，也不會過著一模一樣的人生。

韓國時事節目《追蹤六十分》曾介紹過一對同天出生的異卵雙胞胎姐妹。一個被領養到美國，成為心理學教授；一個留在韓國，成為了巫女。兩姐妹的生活之所以會出現差異，絕對不只是因為領養後生活環境的巨大差異，而是她們在人生中做出的每一個選擇，產生了不同的人生。要是有人主張，人生就跟大自然規律一樣早已注定，實屬無稽之談。

在人生中，未來並非偶然發生的意外，就像沒有設計圖，不可能明天突然蓋好了豪宅一樣。未來是「蓋好的房子」，現在是「我手中的設計圖」。未來與現在息息相關，我更贊成未來與現在相連的說法。從這一層面看來，所謂人生，其實是我們現在的想法與行為引起的連續波動，朝未來的特定方向延伸。換言之，未來是由現在所塑造與完成的。

重點是，當你理解了人生的波動，就會發生你未曾想過的事，即未來與現在是相互呼應的。**你要根據未來的夢想，決定你現在該採取的態度和行動。**換言之，人生的波動像一種「公式」，你只要學會如何套公式，就能輕鬆地解題。你要理解你「人生的波動」，把你的「未來夢想」存入記憶中，變成未來記憶，然後，讓你的「未來記憶」與「現在的想法和行動」達成一致。

另一個重點是，你必須把「現在」與「未來」並列，使之平行，在必要的時候，讓「未來—現在」與「現在—未來」成為有機關係。為了達成這個目標，你需要一個東西來連結它們，也就是說，你得在現在與未來之間架起一座橋樑，那就是「夢想」。

夢想不僅是未來的目標。雖說在時間座標上，夢想處於未來，但在人生巨大的空間座標上，夢想有著重要的作用，它能貫通現在與未來，並影響人生的方向。也就是說，夢想像是一種軟體，負責把某人的人生串連，使之驅動。徹底忘記未來、無法守護現在的人，絕對看不見未來與現在之間，有著名為夢想的偉大轉軸。

「未定的未來」與「沒有現在」沒什麼不同。**要是我們對未來沒有規劃，現在的人生也難以完整**。我們一定要設計並連結現在與未來，才能呈現今天人生的正確面貌。為了記住未來，我們必須設定「夢想」，利用它改變現在的生活。我們該如何善用夢想呢？要怎樣才能把「未來與現在」、「現在與未來」兩者緊密相連呢？

答案是：製作「夢想地圖」。在人生旅程中，必須把夢想刻畫成現實中能明確認知的形象。「夢想地圖」連結起「現在」骨牌與「未來」骨牌。當你設定好實質性的目標「夢想」，並在人生旅程中間添加其他骨牌，標示出從現在走到最終夢想的路線，夢想地圖就完成了。

最終完成的夢想地圖，會成為預測人生軌跡的「人生設計圖」。當你完成夢想地圖時，你就能一眼掌握自己人生的波動與型態，還能將夢想地圖作為專屬的「人生公式」加以應用，使現在的日常變成你想要的模樣。夢想地圖就像定義人生的框架，每當你感到混亂的時候，它能幫助你維持明確的人生態度，比如說，今天有很多待辦事項，夢想地圖會幫你明確區分出這麼多項目中，哪些是該做的事、哪些是不該做的事，並把影響夢想與成就的事擺在第一位，讓你度過高效率的一天。如果你想讓現在的人生與未來的人生面對面，你就得繪製夢想地圖。

夢想到底是什麼，能對人生產生這麼大的影響？現在和未來的人生問題，真的能用夢想解決，並在最後完成夢想嗎？關於這個答案，我會留到最後，各位可以從這本書的字裡行間領會。希望各位不要誤會，我並不是說這本書是萬靈丹，也不是要各位追求完美人生，我只是想分享能讓各位追求「完整人生」的活用夢想方法。所謂的完整人生，就是「不迷路的人生」。

03 想要人生不迷路，就要「自問自答」

為了徹底地了解夢想、接近夢想本身，有一件必須先做的事，那就是正確地了解「我的人生」。「夢想」與「人生」以必然的規律相連，「我的人生」和「我的夢想」的因果關係，就像一部長篇小說。因為夢想是小說的起點，人生是高潮和結局。要想了解人生，就得先知道夢想是什麼。而為了擁有自己的夢想，也必須懂得生活是什麼。所以在談論夢想之前，我想先談人生。

無論東西方的歷史、哲學或宗教中，不約而同地都有個最根本也是最重要的問題，那就是：「所謂的人生是什麼？」人人每一刻都在呼吸，每天都在過自己的生活。可是真問起大家什麼是人生，卻很難簡單說清楚。說不定用一般的思維是無法回答這個問題的，也可能是因為這樣，大多數書籍都吝於以犯人的人生為主題。相較之下，大家更喜愛探索偉大思想家的思維、哲學家的闡述、聖人的抉擇與藝術家的創意性背後的隱藏價值，還有它是如何影響普通人的生活方式。也許想透過和我們相似的人生，整理自己無法闡明的人生難題，打從一開始就是天方夜譚，所以我們在此要探討的是，走在時代前端的兩位先賢，釋迦牟尼和哲學家笛卡兒（René Descartes）的人生。準確來說，我們要看的不是他們不尋常人生，而是和我們同為人類，卻有著極為堅定的人生態度。儘管終點不同，但看一下和我們站在同一起點的他們，是如何度過「不迷路的人生」吧。

首先，我們來談一下釋迦牟尼的人生和旅程。公元前五百六十三年，釋迦牟尼生於喜瑪拉雅山脈南麓的尼泊爾南方小王國，投胎至淨飯王與摩耶夫人膝下，取名為悉達多・喬達摩（Siddhātha Gotama）。隨著時間過去，悉達多長成一名青年，他目睹身邊的人無法掙脫黑暗人生的枷鎖，在痛苦中度過恐懼與擔心的每一天。「人生究竟是什麼，如此拘束人類？什麼樣的人生才是正確的？我該如何活下去？」這些問題使得一個年輕人渴望得知真理，在二十九歲時，他自己削髮出家，決心當一名修行者。為了感悟真理，他雲遊四海拜訪印度大地上的幾位前人。他遇見了一些以種種方式折磨身體的苦行者，有人赤足行走荊棘地，有人終生不洗頭，有人曝曬烈日下……但是沒人能與他分享感知到的真理，或是能擺脫人生痛苦之路。

從那之後，悉達多決定不再依賴他人，他展開苦修，以領悟人生煩惱與擺脫束縛的方法。他獨力承受苦惱的期間，食量逐漸變小，後來每天僅吃一麻一麥，瘦骨嶙峋，仍堅持苦修精進。後來，悉達多領悟到斷食並不能悟道，捨棄苦行，毅然接受了牧羊女給的一碗乳糜後，走到菩提伽耶的菩提樹下打坐入定，於四十九天後悟道，三十五歲時證道成佛。

佛祖透過修行感悟到了什麼？他感悟到人生之所以不幸，其根源不是來自個人的不幸宿命，或不公平的社會結構，而是每個人的妄念與慾望。他認為為了滿足慾望的一連串念頭，以及為滿足慾望而做的種種掙扎，會使人陷入痛苦中。既然如此，佛祖的解決方法是什麼呢？佛曰：我們心中的「執念」是一切不幸的本質，因此要擺脫一切束縛，獲得自由，就得先熄滅心底的「執念火花」。要自行掙脫執念的火種——慾望和貪念，澆熄執念的火花，即為「涅槃」，藉此從所有痛苦中「解脫」，獲得自由人生。

請你試著把自己的人生投射到佛祖的人生中吧。我並不是要你像佛祖一樣修行悟道，只是希望你能深入檢視人生。佛祖過去也和我們一樣，是個平凡人，我希望你能體驗他為尋找人生真理而經歷的過程。

佛祖在二十九歲就向自己的人生提問，為了找出解答而上路。他一開始向前人請教，但這些問題原本就無法從前人那裡得到答案，所以佛祖只能獨自承受重擔，苦苦堅持。這不是任何人能替他解答，或是能伸手幫忙解決的問題。關於人生的問題，只有自己提問，自己解答，才能前進。這就是我們要留意的地方。我們絕不可能從別人身上得到人生的答案，**我們的人生是從問出自己的問題開始。如果不向自己的人生提問，那麼永遠也無法找出答案。**因此，你也應該像佛祖一樣，擁有深思人生的時間。那就是今天。

悉達多六年的修行，是我們不可能達成的境界，但起碼要深思六天。就算再困難、混亂，只要是有思考價值的問題，我們也該緊抓不放。如果六天也有困難，哪怕只有六小時，你也一定要深思自己的人生。為了尋找自己的存在價值，你至少要「製造」一次深思的機會。對人生存有猶疑困頓的人，絕不可能遇見美好的未來。

04

你是誰？你過得怎樣？

讓我們把目光轉到十七世紀的法國偉大哲學家笛卡兒（René Descartes）身上。笛卡兒以奠定西方近代哲學基礎，尤以開創理性主義思想聞名。可能有人會覺得，為什麼從「人生是什麼」突然跳到笛卡兒的哲學。事實上，哲學原本就是探究人類與世界之間的根本原理，討論人生本質面貌的學問。通過笛卡兒的思想，我們能更進一步靠近人生問題。而審視笛卡兒身為一個人類如何生活，認識他的生平，有助改變我們的生活態度。

談到笛卡兒和理性主義哲學，可能會讓大家頭大不已。不過我們在此必須重新思考他留下的名言：「我思故我在。」（I think, therefore I am.）透過哲學性論調，思考「我的人生是什麼？」

笛卡兒是個有著雙重性格的人，多疑又自滿。他過去完全不接受傳統的西方學問，全盤否定支配當時思想的《聖經》，以及古希臘哲學家亞里斯多德《形上學》（*Metaphysica*）的認識論（Epistemology），並且更進一步地試圖確立人類所有知識體系的出發點，也就是第一哲學❷，反思「我們能相信什麼？」、「什麼是知識的本質？」等問題，寫下了《第一哲學沉思集》（*Meditationes de prima philosophia*）❸。首先，他認為人對所有事物的認知都基於「親身經歷過的對象」，換言之，沒有親身經歷過的事物，不可輕信。這種想法與亞里斯多德的演繹推理（Deductive reasoning）❹完全相悖。演繹推理認為人類可以藉助推理的力量，說明經驗之外存在的對象。

不過隨著時間的推移，笛卡兒改變了想法。人在睡夢中也會經歷特別的經驗，但從夢中經驗獲得的經驗是不可信的，他認為「比起『感官經驗』，人類的『理性判斷』才是可信的知識

••

❷ 由古希臘哲學家亞里斯多德提出，指研究「作為存在的存在」的科學，即形上學。

❸ 又譯《沉思錄：我思故我在》。

❹ 指常用於邏輯與數學的推理方法，從名為「前提」的已知事實，「必然」可得出結論，其推理型式如：「凡人皆會死，蘇格拉底是人，所以蘇格拉底會死。」又稱為三段論法（Syllogism）。

根基。」舉例來說，「三加四等於七」是具有必然性與明證性的數學命題，無需存疑，是比起個人經驗更值得相信的對象。可是這樣下去，又產生了其他的疑慮。「如果我精神錯亂了會變怎樣？在精神錯亂的狀態下，我也會相信『三加四等於七』嗎？雖然它有理性根據，但如果是在精神錯亂的狀態下得出的結果，要怎麼相信呢？」結果，笛卡兒陷入了迷宮，不知該拿什麼作為對一切事物的認知出發點。後代哲學家稱這個過程為「認識論上的絕望」。

既然如此，陷入絕望泥沼的笛卡兒是如何走出「第一哲學的迷宮」呢？他在我們耳熟能詳的那句名言：「我思故我在」中找到了答案。笛卡兒強調「個人經驗」為所有哲學的出發點後，意識到自己的論點出錯，遂改強調人類的「理性判斷」，接著再次承認了自己的論點存在矛盾。最後，他得出結論，「即使我被迄今的一切所欺騙，但至少正意識到錯誤的我是存在的。這是不可反駁的事實！」正在思考的我，確定了承載思考的主體，也就是自己的存在，因此，「我思故我在」此一命題可以算得上是「第一哲學」的本質。歸納來說，人類認知世界一切事物的出發點，就是接受自我的存在。

讓我們在此思考一下，我們的人生問題是如何和笛卡兒的故事有所聯繫。笛卡兒為了擺脫「認知論上的絕望」，開了一帖名為「自我意識」的藥方。努力理解自我意識的存在，即通過思考感受自我，把純粹意識活動作為掌握世上所有知識的標準。他以自我意識的重要性起頭，後來又制定了二十一條指導心靈的規則❺。以這些規則為指標，整頓自己的生活，打下穩固的人生基石。

笛卡兒約在四百年前結束短暫的一生，為後世留下了偉大的遺產——「認知自我的重要性」；也留下了教訓，告訴我們從自我意識中跨出的一步，對制定人生方針有多重要。

有朝一日，我們將迎來闡明各自人生真相的時刻。即使還不到死亡關頭，但在人生的轉折點上，我們一定會有與自己人生面對面的機會。施行過危險的手術、遭遇重大意外事故，或是經歷過其他驚濤駭浪的人，一定都有強烈共鳴。這不僅僅是在電影中才會發生的虛構情節。

所以，你現在就得著手準備。要是某一天人生向你走來，問你：「你是誰？」、「你過得怎樣？」時，你必須答得出來才行，不是窘迫地爭辯，而是有具體想法，能清楚地說明「我」這個客觀存在，與「我」人生的目的。在人生的法庭上，只有你一人，沒有律師能替你辯護，

❺ 笛卡兒於一六二八年動手書寫《指導心靈的規則》（*Rules for the Direction of the Mind*），共有二十六條原則，但未完成，實際上只寫了二十一條。

如果你沒有想法，以軟弱無力的態度去面對，最終只能進入名為「人生牢籠」的拘留所。

現在你需要的是理解自我客觀存在，和證明自己的方法。這個問題雖不簡單，卻也不致於找不到答案。只要一一整理好散亂的想法，每個人都能找到答案。首先，得先決定自己的人生主軸。接著，探索能朝哪個方向前進的人生道路，最後親手整理並確認該內容。不用想得太難，只要跟著本書循序漸進地製作「夢想地圖」，就有可能辦到。通過夢想地圖，你能掌握並說明自身存在的大致脈絡。我們都能像笛卡兒一樣，過著不迷路的穩固人生。而穩固人生，就是不易破碎的人生。

05 你沒準備好，就準備失敗

接下來，讓我們聊點輕鬆的話題，來聊旅行吧。脫離日常，前往陌生地點的旅行總是令人心潮澎湃。面對新世界的時間足以打發無趣的日常。有人喜歡參加海外豪華旅行團，有人喜歡背起背包說走就走的自由行。不分目的地和旅遊形式，所有的旅行都會替人生注入活力，豐富了人生，有時讓我們更了解自己的力量。因此，沒有比旅行更能穩固人生的事情了。

如果想進行一場滿意的旅行，在出發前就得決定目的地、行程和預算等等。如果想愜意度假，可以考慮南太平洋度假勝地帛琉；如果想了解歐洲歷史與文化，可以考慮義大利城市佛羅倫斯。確定了符合目的的旅行地點後，就要確認停留天數和旅行方式。要停留幾天，是旅行社包套行程還是自由行？如果想自由行，就得自己訂機票和旅館；如果想省錢就要避開旅遊旺季，考慮較多優惠的淡季，還有就算不方便，也可以考慮搭乘需要轉機的航班，而不是直飛的航班。接下來，得考慮住市區還是郊區，市區交通便利卻貴；郊區便宜但治安差，而且不能有效利用時間。確定好航班和落腳處後，還得列預算，包括當地交通費、餐費、旅遊景點門票費和購物費等等。在安排好行程與預算後，還必須按天氣準備衣服和常備藥……

旅行前制定計畫，理所當然。擬定計畫能減少時間與金錢的浪費，還能安全地享受符合旅遊目的的旅程。但即便制定計畫是如此理所當然的事，還是會有人說：「沒有計畫的出發更有魅力，想享受真正的旅遊樂趣，就應該不排計畫，隨性出發才行。」

我在大學和公共機構進行「夢想地圖」特別講座時，通常採取講座和工作坊並行的方式。工作坊中，有許多正在求職的大學應屆畢業生來參加。我一有機會就問他們，有沒有自由行的經驗？通常會有一、兩個人舉手表示有過。一名學員和朋友去紐約旅行三個禮拜，只訂了旅館，沒有規劃行程就出發。另一位學員則是在濟州島進行了四天單車之旅。我問他們旅行感想，兩人都毫不猶豫地認為是一次精采、新鮮的經驗。

但如果細問旅遊過程的話，就會發現他們的共同矛盾點。雖然兩人都說沒有計畫，但仔細了解後，會發現他們仍然有一定的規畫才出發。去紐約三週的學員其實訂定了好幾個計畫，他「決定」把紐約訂為旅遊目的地、訂了旅館，還決定了旅遊天數要三個禮拜，而且和朋友結伴同行。進行濟州島自行車之旅的學員也一樣，他「決定」騎單車的旅遊形式，而不是徒步或開車；他也「決定」好了出發地到目的地的路線，還帶著能指引方向的濟州島海岸公路地圖。

要是我這樣問：「能不能不訂紐約旅館，隨性出發？能不能不考慮要去哪裡，要體驗什麼，直接搭上飛往紐約的航班？如果決定一個人去非洲騎單車，能不能像去濟州島一樣說走就走？」我很懷疑當各種情況都產生變化時，他們還能不能不做任何準備就出發。如果此時還是有人認為，沒有計畫的旅行比有計劃的旅行更有魅力，請看看下面的資料吧。

二〇一七年六月，韓國保險開發院（Korea Insurance Development Institute，簡稱KIDI）公布旅行相關統計數據，在一萬份保險契約中，有八十四件是國外旅行時發生的疾病事故。另外，在每一萬份保險契約中，有二十八件是因為受傷而在當地接受治療，且國外旅遊受傷意外比國內旅遊受傷意外多出了三倍以上。在該份統計資料中，國外旅遊意外事故比國內旅行更多，這值得我們留意。與國內旅行相比，國外旅行資訊受限比較多，儘管事先搜尋了必要資訊，做好萬全準備，但真的出發後，往往會在當地碰到意想不到的情況。

十年前，我還住在美國的中部城市布魯明頓時，曾跟家人去美國最南端佛羅里達群島的西嶼（Key West）旅遊。西嶼是諾貝爾文學獎得主海明威（Ernest Hemingway）寫出《老人與海》（*The Old Man and the Sea*）之處。我迎著秋風，吃著萊姆派，追尋海明威的足跡，享受閑適的時光。海明威故居酷似一家愛貓咖啡廳，在那裡的藍眼布偶貓虜獲了我年方五歲二兒子的心，而老大則迷上了海邊的魔術秀。大西洋上的殷紅秋日晚霞之美，相機完全拍不出來。

可惜的是，隔天我們就得打道回府了。如果能從邁阿密機場出發是最好的，但我沒訂到機票，於是改去距離五十公里遠，位於北邊的勞德岱堡—好萊塢國際機場。我事先預定了一晚機場旅館。當我傍晚開車前往旅館的路上，意外出現一個貧民村。美國國內線的小機場多半位於遠離市區的郊區。我看見遊民投來的疑惑視線，不解一個東方家庭為什麼會來到這裡，事不湊巧，油表閃起了警示紅燈，我不得不開入破舊的加油站，沒想到自動加油機竟無法識別信用卡，改刷別張信用卡也一樣。我人生第一次遇到這種事。我去辦公室想問個明白，只看見一名把腳翹在桌上的年輕女員工，她沒好氣地告訴我不能刷卡，只能付現。我回說不想付現，她便皺眉，朝我發脾氣。我們發生了短暫的爭執，等我回過神一看，身邊不知不覺已經圍了一群人。我表面裝得不動聲色，心底卻莫名恐懼，付了現金，來不及拿零錢就逃出了加油站。

但接下來才是問題。妻子害怕不已，小孩臉上也明顯帶著恐懼。去旅館的路上充斥陰森氣息，最後我沒去預定的旅館，直接帶著妻子和兩個小孩夜宿機場。在涼颼颼的秋夜中，露宿在機場候機室地板，倒也不算難事，安撫小孩睡覺也不是大問題。可是，作為一個父親，事先沒確認過旅館的周邊環境，是嚴重的失職。那天，兩個小孩和妻子感受到的恐懼和恐怖感，在我心中留下了無法抹滅的痕跡。

有過這樣的經歷，我重新細思保險開發院的資料。國外旅遊意外事故的機率不低。這不是喊著「這種事怎麼可能發生在我身上」而心懷僥倖的問題，是絕對不能發生的事，哪怕只有百分之一的可能性也得排除。

因此，讓我們回頭思考旅遊計畫的重要性吧。「制定好計畫的旅行」與「無計畫的隨性旅行」，我們不能單純以旅行樂趣的角度看待兩者。旅行顯然能對我們產生重大影響，能替生活注入活力，豐富了人生，但旅行本身不能成為人生的全部。結束旅行之後，能不能平安地回歸日常，是更重要的問題。如果在毫無準備的情況下出發，把自己暴露在天災或疾病的危險中呢？如果被捲入不好的事，受了傷呢？如果經歷了出現在電影中，但真實人生無法承受的可怕事件呢？這些並不是每個人一生一定會遇上一次的事情。在旅行結束後，我們有該回去的地方，有等待著我們、愛我們的人。可能有人認為「命中註定會遇上的事一定會遇上」，但這是愚昧的想法。只要我們多花一點心思，事先周密計劃，就能有效降低暴露在危險中的機率。

再來看另一個統計數據吧。大家覺得去歐洲自由行三個禮拜，需要多長的事前準備時間？我們得看旅遊部落格、決定必去景點、找價格合理的旅館、確認城市資訊、天氣、推薦路線、參考最新評論等，越是周密的準備，我們越能省下旅費，並排出與眾不同的行程。

這一連串的準備，需要多久時間？根據調查資料顯示，韓國人要去歐洲自由行三週的話，平均得花「一個月」規劃行程。相較於實際旅遊時間，事前準備的時間還多了七天。還有一件值得深究的事，**我們會為了三週的歐洲自由行而認真準備一個月，那麼活在平均壽命接近百歲的時代，我們得反問自己，做了哪些人生計畫？又為了實踐計畫準備了多久時間呢？**人生旅程顯然不該與國外旅遊相提並論，但我們卻對人生毫無計畫，萬事皆休。請你捫心自問，你是不是過著毫無計畫的荒誕人生。我們不該變成空懷美好夢想，遇到真的該計畫時卻猶豫不決的人。美國開國元勳班傑明．富蘭克林（Benjamin Franklin）說過：「你沒準備好，就準備失敗。」（By failing to prepare, you are preparing to fail.）不希望人生失敗的話，就得做準備。

如果你還沒有人生計畫，現在準備還不遲。人生沒有計畫，生活也會變成可怕的經驗，人生絕非事事都打點好的旅行團，我們身為當事人，應該要成為一個懂得照顧好自己的「人生自由行」旅人。

第二章

為了擁有夢想，你需要……

導致人的失敗只有一個因素：「自信不足」——不能打從心底信任自己的人，絕對無法實現夢想。

01 尋找人生的主人

蕭伯納（George Bernard Shaw）被譽為莎士比亞之後最優秀的劇作家，大家耳熟能詳的「我早就知道無論我活多久，這種事情遲早總會發生的。」（I knew if I waited around long enough something like this would happen.）就是出自他之手，同時也是他的墓碑銘。

蕭伯納用稍微誇張卻不失詼諧通俗的方式，反映出他身為劇作家對人類如宿命般的「死」，和其反面的「生」之問題的洞察。

是人都有生，是人都會死。死亡除了呈現人類壽命的有限性之外，也讓我們能正視死亡，更認真地看待人生，而處於死亡對面的生，則賦予我們另一項任務：追求人生成就。假如你曾深思過這一項任務，那麼必然也曾考慮過「該怎麼生活」的問題。蕭柏納指出，定義人生意義的並非如何迎接死亡，而是如何迎接人生。他將線性連結的「生」與「死」，及存在於兩者之間的「人生與成就」，整合為一個問題並仔細審視。我們無從選擇生死。人生是神賦予每個人的原始設定值，而祂將人生成就的決定權，也就是「如何活著」，這個無人得知箇中機密的人生決定權，交付我們之手。

我們從神的手上接過了人生決定權，此一權利除了無法轉委他人之外，還另有附帶條件——我們必須履行神所交付的義務，唯有如此，祂才會肯定我們的獨立尊嚴性。那麼，我們該如何行使人生決定權呢？答案就在「時間與目標」。首先，我們應發揮自由意志，確立人生目標，避免成為分秒流逝時間的附庸。而朝著目標前進的過程中，我們要善用神應許的，也就是從「時間」與「目標」兩種觀點，去解答人生決定權所延伸出的「該怎麼生活」問題。

我們先檢視時間。如果你過去找不到「該怎麼生活」的答案，那麼我建議你配合未來人生計畫一起研究，因為我們要討論的不是「過去的人生」，而是「以後的人生」。首先，請果斷地抹去過去的悲觀痕跡，不要把昨日的痛苦帶到明天，是時候刪除失誤或負面經驗的相關記憶了。被過往記憶束縛，只會阻礙成長，毫無益處。只要爽快承認過去的能力不足，重新站上新的起跑點就行了。假如真的有幸福公式，其中一個公式應該是：「用今天的快樂抵消過往的不幸記憶。」聰明的人會把「今天」視為替未來累積的「禮物」（Present）。我們有必要清算過去的時間，聚焦在現在與未來。

接著，我們檢視目標。目標凌駕於時間之上，我們該思考前進的方向，朝什麼方向邁出，還有目的地為何。當你不再跌跌撞撞地盲從他人，樹立出屬於自己的具體「目標」，你的人生就能向你走來。假如不思考這些問題，你的人生可能會充斥各種拙劣經驗，你也會淪為終生為日常瑣事汲汲營營的奴隸，毫無意義地走到人生盡頭。如果你不希望發生這種事，你就得制定屬於自己的具體目標，並且在確定目標之後，盡可能避免不必要的事情，以免耗損。

綜合以上，我們得出的結論是「將自己的人生意義，與總有朝一日到來的未來相連」，以及「發揮自由意志，樹立明確的人生目標」。而這兩者的本質就是「活出由我主導的人生」。自我主導的人生，意指不讓我的未來疏遠我所想要的人生。人生只有一次，無法重來，我們要怎麼把它塑造成「由我主導的人生」呢？其起點就是制定正確的「人生計畫」，以對應我所定下的目標與我被賦予的時間。換言之，在你決定好日後目標後，就按安排好的時程依序實踐目標即可。人們沒有人生計畫時，容易被外在因素左右，每天被時間追逐，或被他人的意見管束。這種生活不能算是人生，而是陷入災難沼澤的捷徑。

當你缺乏人生計畫，絕對不可能與自己的人生面對面，而相較於有計劃推進事情的人，漫無目的、隨興而至的人，實現目標的可能性較低。舉例來說，建築師沒有設計圖，不可能蓋好一棟建築，假如在沒有設計圖的情況下蓋好，他有很大的機率會虧本，再說，這樣的建築很可能因為任何一個環節出錯而倒塌。為了實現人生夢想，你應該從現在起自問：「我是否制定了具體計畫？」假如你只有一個大致輪廓，那個不能稱之為計畫。所謂的計畫應包括「目標、達成時限和步驟」。只有完備正確形式的人生計畫，你才能品嚐到成功的果實。

人生計畫不僅能達成自己想要的人生目標，也是幫助你實現主導人生的源泉。在缺乏人生計畫的情況下，你花費的時間、努力、熱情和毅力都無法對人生起到有效作用，要有長期計畫，你才能不慌不忙地朝目標前進，能夠區分重要與不重要的事物，並且有效應對人生中大大小小的意外變數。

成功勵志專家保羅・麥爾（Paul J. Meyer）竭力強調計畫的重要性，他說道：「制定計畫是一切事情成功與失敗的分歧點。因為進行計畫時，我們會整理自己的想法，而確實整理好的想法會鞭策我們的態度與行動。明確的計畫造就明確的結果。特別需要留意的是，不明確的計畫造就的不是『不明確的結果』，而是不會有任何結果。」我們要懂得怎麼制定自己的人生計畫，以它為指標，管理整個人生座標，不能渾渾噩噩地過完一生。

02
九十二歲老人的百歲夢想

當你沒有人生計畫，就無從過起由自己主導的人生，必須跟著別人的計畫、附庸於他人的話，休想期待過上有格調的人生，反之，如果你想過得有格調又不凡的人生，就一定得有自己的計畫——專屬於你的完整人生計畫。

那麼，人生計畫的起始點為何呢？又該用什麼標準決定日後要做的事？還有，用什麼標準確定日後要做的事的細節、步驟和方法呢？這些問題的答案就是**夢想**。夢想是人生計畫的第一顆鈕扣，是人生中想做的事的標準，只有決定夢想，你才能決定要實踐的細節，並且規劃出步驟、方法，以達成夢想。

西江大學哲學系教授崔珍皙說過：「各位想知道自己現在的人生究竟有沒有品格，是不是專屬於自己嗎？那麼請自問吧。『我在夢想什麼？』有夢想的人過著領先他人的人生，沒有夢想的人過著附庸他人的人生。請問問自己吧，『我有什麼夢想？』」

幾年前，我去西班牙參加國際學術研討會，回國之後因為時差的關係睡不著，三更半夜恰好看見電視節目《長壽的祕密》重播，我不自覺地被一對銀髮夫妻的農村生活風貌所吸引，勾起了兒時在農村生活的回憶。

那集節目採訪了一對住在慶尚北道醴泉郡，結髮約七十年的權姓老夫妻。十六歲就嫁給權爺爺的奶奶說，年輕時很擔心玉樹臨風的爺爺外遇，然而，爺爺並不是那樣的人，他一生忠於婚姻，兩夫妻互相扶持到老，愛意不因歲月流逝而減。當時權爺爺已是九十二歲高齡，奶奶也八十六歲，不過兩人都是神采奕奕、健康硬朗，節目聚焦在兩人一早結伴下田務農，奶奶帶著純樸的笑容，陪伴爺爺的美麗畫面。

節目製作人近距離捕捉到爺爺奶奶不加修飾，真實生活的面貌。當他們安靜時，製作人會提問。製作人與爺爺之間的某段對話，令我感觸良多，我從未聽過那樣的話。

節目製作人：「爺爺，您年紀這麼大了，為什麼還親自下田？是因為子女的關係嗎？」

爺爺：「不是，孩子只要不餓肚子就行了。」

節目製作人：「那為什麼這個年紀了還務農？」

爺爺：「我告訴你吧，我有一個夢想！」

節目製作人：「夢想？您說夢想嗎？您的夢想是什麼？」

爺爺：「我要種田種到一百歲，到了一百歲我想賣掉所有家產，成立老人福利會館。要是我的錢不夠，我會請國家補助我！」

九十二歲老人的百歲夢想——蓋一棟老人福利會館，我的心為之一震。後來我才曉得，權爺爺和權奶奶從年輕時就熱心公益，還被總統表揚過。權爺爺打算種田種到一百歲，每年都要分給左鄰右舍一百包白米。

何其優雅的人生！懷抱夢想生活的九十二歲的老人，為了實現百歲夢想，每天不辭勞苦地務農。俄國小說家托爾斯泰（Leo Tolstoy）說過：「活在成長的人生。」活在成長人生的核心概念，是要我們確認自己的主體性，進而擴大作為社會一份子的存在價值。權爺爺的人生實踐了這句話，他通過夢想創作出今天比昨天、明天又比今天更成長的人生。

有人說每天光生活就夠累了，哪有餘裕思考未來，也許有人會反問：「年紀一大把，有夢想有什麼用？」即使上了年紀，人只要有夢，就不會偷懶。為了實現目標，會過著有規律的生活，保持健康身心，長命百歲。我們也能像權爺爺一樣，藉由夢想活出青春人生。我看著節目裡爺爺奶奶笑口常開的模樣，重新思考了「夢想」如何讓我們的人生持續地健康成長。

活得最久的人，不是年齡數字大的人，而是持續成長的人。持續成長或停止成長，是我們衡量自我人生意義的尺度。有夢，就不會老；有夢想的人生，就會繼續成長。如果你希望到閉眼前那一刻，都能過著不依附他人、有格調的人生，請你一定要懷抱夢想生活。

03 衡量夢想方向的方法

習慣會帶給人生重大影響，我們應拋棄壞習慣，學習他人的好習慣，並變成自己的好習慣。成功人士擁有普通人沒有的特別習慣，那就是「在開始某件事之前，他們必然先行描繪出終極目標。」

讓我們看看保羅．麥爾（Paul J. Meyer）是如何看待制定目標的重要性。他被評為二十一世紀勵志的成功傳奇人物之一，成立了美國領導管理發展中心（Leadership Management International, Inc.）的同時，也經營著四十多家公司，橫跨教育、軟體、金融、房地產與航空等各種領域。他在《那件事》（*That Something*）一書中說明了目標的重要性：

安於現狀的人，最終會被淘汰。比起安逸，人在處於挑戰與爭議中心時，能更準確地評價自己。在你開始一件事之前，先制定明確的目標值吧，因為沒有目標的努力，必然導致低效的結果。如果有人問我：「你的成功何來？」我會毫不猶豫地回答：「制定目標。」

制定最終目標才能有效率地實踐，這不用多說，我們的人生旅程亦是如此，你若希望人生走向你所期望的方向，就得先設定人生目標，沒有人生目標的盲目努力，只會迎來無意義的結局。這與壓榨自己的勞動力並無二致。

人會有共同追求的目標，也有各自追求的目標。人生目標可以分成兩類，一是本質目標，一是實質目標。前者是「幸福」。我們的人生少不了幸福，而我們所有的行動都朝著幸福前進，幸福不是一種手段，它本身就是有目標性的目標。至於後者，即人生的實質目標，則是「夢想」。夢想是為了讓我們感受到自己作為一個獨立個體，而創造出的目標，此一目標與自己本身實際價值相連，並有助我們守護自己人生的完整性，區分「我」和「他人」的人生。

人生的本質目標「幸福」和實質目標「夢想」息息相關，互為因果。只有實現夢想，人生才能變得幸福。若將夢想比喻為人生的圓心，幸福就是以它為圓心所畫出的圓，一旦重心不穩，我們就無法畫出端正的人生圓圈。為什麼會這樣呢？根據研究資料顯示，實現夢想的人比沒能實現夢想的人，擁有更強的自尊心，而自尊的高低會影響我們守護自我人生和愛人，也就是影響到幸福。心理學研究顯示，自尊與幸福的相關係數為〇．六以上，意思是自尊與幸福之間有強大的「正相關（＋）」。簡言之，自尊對幸福有巨大影響力，當我們實現夢想，我們的自尊就會增加，從而感受到幸福。

「事件↓信念↓情緒」❻是精神健康醫學領域的醫生進行心理治療時，會使用的認知行為判斷標準之一。舉例來說，某位女性夜夜失眠，醫生追蹤引發她發生此「行為」的原因與結果，判斷過程如下：

事件：該女性有一名注意力不足過動症（ＡＤＨＤ）的五歲小孩

↓信念：我的小孩剛進新的幼稚園，他能好好過學校生活嗎？

↓情緒：被不安、焦慮掌控

夢想與幸福的關係也是相同概念。

事件：實現夢想
↓信念：我做得真的太好了！這段時間辛苦了！真是太棒了！
↓情緒：出現自尊、幸福感受

由此可看出，夢想就是幸福的根源。想要變得幸福，就得懷抱夢想。現在讓我們思考一下尋找夢想的方法吧。決定夢想的方法和時期，因人而異。自己能決定夢想固然好，不過，受到家人或周遭人影響的情況不在少數。美國第四十四任總統歐巴馬（Barack Obama）的祖父從小支持他的夢想，對他說：「你將來會成為美國總統。」替他的夢想提供了原動力。我們也不用因為沒有這種祖父而失望，人生很難說，在機緣巧合下可能有幸遇見人生導師，即使沒有，我們也能從書中找到值得當榜樣的主角，從而栽培自己的夢想。

假如你還沒決定好自己的夢想，參考韓國作家柳時敏的話怎麼樣呢？柳時敏提出可以從四

❻ 指情緒ABC理論。A代表引發事件（Activating event），B代表個人理性信念系統（Belief），C代表情緒、結果（emotional and behavioral Consequence）。同樣的事件（A）發生在不同人身上，每個人對事件的定義與解釋不同（B），往往導致不同的情緒、結果（C）。

種層面導出人生方向：**工作、休閒、依附關係與利他活動**。一、你只要先決定人生中想做的事，找出全世界最令你興奮的「工作」。二、你要思考自己熱愛的休閒娛樂，最好是那種睡到一半都願意醒來進行的「娛樂」。三、以你和家人、朋友與同事的「依附關係」為基礎，制定你們能一起追求的目標。如果有一個朋友，你只要和他在一起就充滿活力，聊整晚都不膩，就和那個人一起尋找共同目標吧。四、作為成熟的社會成員之一，你可以把關懷他人的「利他活動」列入考慮之列，找出能把你的工作和他人利益結合，進而追求共同利益的活動。

在你考慮第一種方向時，需要留意的是，職場、職業和工作三者不容易分離，因此人們往往把自己想做的「工作」，想成「職場」或「職業」，認為「職場＝職業＝工作」。這個等式乍看之下沒毛病，甚至理所當然，然而，它並非正確答案。比如說，有個人職業是醫生，但他有空的時候還是可以寫作。我說的就是《低飛的自尊》作者尹洪均。尹洪均作家的正職是精神科醫生。據悉，在他徬徨的青春時期，偶然在圖書館讀到了一本巧妙結合心理學與科學的書，為之驚豔。在他發現那本書的作者是精神科醫生之後，下定決心自己也要當個「寫作的精神科醫生」。尹洪均作家結合了醫生與寫作，創造了獨一無二的夢想，並實現了它。除此之外，也有考到律師資格證後，以主持電臺節目為主業的人，那就是ＥＢＳ電臺節目「白盛紋的五千萬律師」主持人白盛紋。白盛紋的職業雖然是律師，但他在節目中用詼諧的方式介紹人們常遇到的日常法律問題，給予明確解決方案，活躍度不亞於正職工作。

由此可知，我們固然可以把職場、職業和工作放在同一條線上，卻也可以把它們想成分離的三個點。最重要的是，當你決定夢想方向時，相較「職業」和「職場」，應該優先考慮「工作」。工作不是我們辛苦勞動的謀生手段，而是替人生帶來意義與成就感的方式。請你找出讓自己精神抖擻又興奮的工作，從中發現意義與價值。

請你從上面介紹的「工作、休閒娛樂、依附關係、利他活動」四個層面，思索自己感興趣的事，從中找出要專注的事，然後決定夢想的方向吧。你也可以自行配對組合，比方說，在你喜歡的休閒娛樂中，尋找跟「工作」有關的事，假如你喜愛的休閒活動是跟小孩摺紙，那麼你可以矢志成為摺紙達人。像越南摺紙藝術家黃進決（Quyết Tiến HOÀNG）靠著獨到的濕摺紙技術，在摺紙界佔據獨一無二的地位；或者，你可以從和周遭人的「依附關係」中，發現自己能做到的出色工作，餐飲系畢業的弟弟可以當廚師，學經營學的哥哥可以當餐廳老闆；又或者，你可以從與他人的關係中，通過「利他活動」尋找人生意義，像成為護理師或社工師，幫助老人或殘疾人士一類的社會弱勢族群，獲得人生成就感。不過要注意，在你傾聽他人的困難時，別受到別人左右，要自己做出判斷才行。

在你決定好方向後，再思考什麼樣的組合最好，比方說，你決定好人生的組成比例為百分之四十的工作、百分之二十的休閒、百分之三十的依附關係與百分之十的利他活動。有些人更重視從工作獲得成就，有些人偏好把人生聚焦在能帶來樂趣和快樂的休閒娛樂上。如果你傾向後者，可以把人生組成比例制定為百分之二十的工作、百分之四十的休閒娛樂。是為了生活而工作，還是為了快樂而工作，還是為了體會人生成就而工作，取決於你自己，沒必要認為人生中工作一定比休閒重要。

還有最後一件必須提醒的事，那就是你最後選擇的工作有可能會帶給你快樂，也有可能會很無趣，但只要你不排斥，可以考慮把那份工作定為你的夢想。但要小心，不能出於貪念，要按你的需求去制定夢想，貪念孕育出的夢想是錯誤的，而且會創造出「執著的火花」，當執著的火花變大時，你的人生就會只剩下桎梏。需求就是你活下去的理由，是你人生一定要達成的事，即使到達夢想的路途艱辛，但你也會因此產生戰勝的勇氣。與其實現滿足貪念的華麗夢想，滿足需求的渺小夢想，更能使你的人生幸福。

04 相信自己

我們前面聊了如何通過「工作、休閒、依附關係與利他活動」四個層面，評估夢想的方向，接著讓我們看一下設定夢想的具體過程吧。要設定具體的人生目標「夢想」時，最好的方式就是自問自答。請你找出下列問題的答案，這會有助你找出夢想。

一、我的人生目的與終極目標是什麼？

二、我的優點是什麼？我有什麼與眾不同的潛力？

三、幾十年後，我的未來是什麼樣子？

我們的大腦對我們的了解，比想像中來得深，只不過大多數的人不知道怎麼找出那些潛藏在大腦的資訊。每當遇到這種時候，請自問自答吧，熟能生巧，你會越來越知道怎麼挖掘真實的自我，如何聽見平時沒有意識到的心聲，並知道怎麼找出夢想的方向與關於夢想的線索。

問題蘊含著強大的力量，我們能透過問題發現存在於意識、潛意識和無意識中，關於自我的資訊。哲學家蘇格拉底以不直接傳授知識而出名，他偏好採取「問答法」——向對方提出循序漸進的問題，令對方因自己的愚昧無知而自愧。請你誠實回答上述三個問題，不要在意親朋好友和周遭人的視線，回答時也不要顧慮社會標準。因為當你意識到他人視線與社會標準的瞬間，尋找自己夢想的行為就會化為泡影。有句話說：「最私人的體驗也是最有創意的。」（The most personal is the most creative.）❼。請你邊品味這句話，邊回答前面那三個問題。切記，回答要具體。

第一個問題：「我的人生目的與終極目標是什麼？」這個問題的目的是，希望我們不要忘記活著的原因與人生的目的。請你邊回想前面介紹過的工作、休閒娛樂、依附關係與利他活動，進而制定人生方向與終極目標，還有到達目標的具體標準。因為每個人所想的目標標準可能不一樣，所以我要稍加說明。舉例來說，如果你暑假想帶小孩參加泥灘體驗活動，那麼這趟旅行的目的就是「和小孩一起參加泥灘體驗活動」，你可以把「去大川海水浴場參加保寧泥漿節[8]」當成實現此一目標的具體標準。韓國西海岸和南海岸有好幾個能進行泥灘體驗活動的地點，你必須挑出自己想去的具體地點。所謂的人生目的不是「全力以赴的功能性目的」，而是「活得有意義的根本理由」。「我要過什麼樣的人生？我有沒有一定要實現的人生願望？我的人生原則為何？我最應重視的人生問題是什麼？我希望成為什麼樣的人？」這些問題會指引你找出人生意義，待釐清人生目的後，你就能決定以什麼樣的手段，能有效達到該目的。手段的具體面貌正是目標。請你專注在自發性的需求上吧！原原本本地接納自身情緒，引導出人生目的與目標才是最重要的。

第二個問題：「我的優點是什麼？我有什麼與眾不同的潛力？」這個問題是讓你思考自己的獨一無二的特質，包括與生俱來的潛力、情緒、思維和行動模式。每個人都有與生俱來的色彩和形象，由其可延伸出個人獨特的潛力。在考慮你有什麼優點與潛力的時候，請擺脫熟悉的

❼ 出自韓國導演奉俊昊於第九十二屆奧斯卡金像獎上向名導馬丁·史柯西斯（Martin Scorsese）致意的得獎感言。

❽ 保寧美容泥漿節是韓國最具代表性的夏季慶典，每年夏季於大川海水浴場舉辦，是最多外國觀光客參與的韓國慶典。

框架，用穩固的樑柱和磚頭蓋起的房子未必就是好房子，對遊牧民族來說，能快速移動和囤積糧食的才是好房子。有時候，傳統觀念認為是負面的特質，也有可能是襯托你特殊之處的優點。比方說，如果你天生多話，你就能適合為孩子們說童話故事；如果你天生多慮，你可以從事科學領域，研究講求證據、眼見為憑的科學現象，或者是投身法律界。另外，不要忽視當下沒有顯著成果，尚處於未完成狀態的特質。只要你有先天優勢，即使現在還沒發揮潛力，有朝一日它也必開花結果，你要集中於內在的可能性，喚醒它，讓它呼吸生存。請問自己這些問題吧：令我愉快投入的事是什麼？我什麼時候盡情享受喜悅？我活到現在做得最好，讚美過自己的事是什麼？我品嚐到成就感或自豪的事是什麼？即使沒有天分，但有沒有我想靠熱情與毅力再次挑戰的事？這些問題有助喚起你內在的可能性，幫助你找到人生的實質目標「夢想」，並走近它。

第三個問題：「幾十年後，我的未來是什麼樣子？」畢業後的我在做什麼工作？婚後我會幸福嗎？二十年後參加同學會時，我要帶什麼名片去？過退休生活的時候，我臉上會露出什麼表情？如果郵局能幫忙寄遺囑，我死前會寄什麼遺言給親朋好友呢？請沉溺在遙遠的未來吧。光是如此，就足以引出你尋找夢想的力量，只不過有件事需要注意。人類有檢視每一件事的習慣，而且會過於在意自己當下的模樣，以現在作為夢想標準，但是，我們的視線沒必要固定在當下，為了讓自己的可能性不被淘汰，請你只考慮未來吧。不要屈服於現在無能的自己，或被現在埋沒，要剷除對未來的恐懼，放眼未來、走向夢想。蝴蝶破繭成蝶前不過是條毛毛蟲，只要是人，都有脆弱無能的時候。請向過去與現在懦弱的自我提問，真實的你會顯露於新的選擇與挑戰中。

在我們長大成人的過程中，時常受到社會洗腦，很多時候，被社會傳統錯誤觀念所壓抑。根據社會科學研究資料顯示，在長大成人的二十年裡，會聽見十四萬次以上負面、消極與具有破壞性的訊息，而且那些訊息是倍數成長的，我們甚至會因此低估自己的內在潛力。《左手的力量》（*The power of your other had*，暫譯）一書的作者露西雅·卡帕席恩（Lucia Capacchione），她的正職是藝術治療師，她在教美術時發現了社會如何對我們進行了洗腦。據悉，她問：「覺得自己不會畫畫的人可以舉手嗎？」有百分之七十的人舉手。她問那些人理由，得到如下回答：「我小學二年級的時候，班導說我沒有美術天分。」

在這裡我們需要思考一下。這句話有失偏頗。沒有美術天分是一種模糊的表達。美國小學的美術教育由體驗活動、表現活動與欣賞活動所組成，我們無法確定班導的真正意思，是說他三個領域都沒天分嗎？還是其中一個領域沒天分？實際上，才上小學二年級的孩子，不可能經歷過這三種活動，如果班導無法提出具體證據佐證自己的話，孩子就不需要認同老師的話。像這種證據不足的社會洗腦現象不在少數，若我們被洗腦的話，我們評估自己潛力的選項就會大大地減少，為此，我們要不斷地發出正向、積極且有生產力的暗示訊息，避免自己成為社會洗腦的對象。

美國心理學家威廉．詹姆士（William James）曾說過，人類之所以失敗，只有一個原因就是「不夠相信自己」。不夠相信自己的人會屈服於社會洗腦，或對自己的現狀感到不滿卻又受困其中，當然無法判斷出正確的夢想方向，絕對無法實現夢想。假如你現在覺得自己很落魄，沒有勇氣尋找夢想，我建議你閱讀日本作家葉山Amari《在二十九歲生日那天，我決定一年後去死》（暫譯）。我相信它能幫助到你，我也會把這本書推薦給不夠自信的學生們，他們都說從中獲得了力量。在這裡，我想特別介紹書中一句暖心的話——「能說出自己一無所有的，並非一無所有。」無論你現在是什麼狀態，我希望你不要被它束縛，一定要替剩下的人生找到新夢想。

為了尋找夢想，你一定要創造自問自答的時間，就從今天睡前自問自答開始吧，以上述三個問題為基礎，調整自己的視線，不用急著找出答案，如果內心深處沒有迴響，那麼明天、後天，還有往後的每一天都繼續自問自答吧。有可能會花一個禮拜以上，也有可能要花一個月的時間，無論時間長短，若你一直沒找到夢想，你就要更積極創造和自己內心世界互動的機會。

若不習慣自問自答，也可以用旅行、健行或背包旅行替代。我建議，旅行的時候不要呼朋喚友，請一個人出發吧，可以是一兩天的小旅行，也可以是一個月以上的陌生地點深度旅遊。比起觀光景點，清淨之地更好。長時間坐火車或客運的旅行也不錯，你可以看著車窗映照的自己倒影，與內心對話。在陌生的旅行地觀賞星空的肅靜氣氛，也會有幫助。如果你實在無暇旅行，在原本居住的城市附近健行也沒關係，三、四個小時的健行，獨自思索的時間變多，和內心世界接觸的機率也變高，有助你找出自己的夢想。如果你非常積極，不妨把有點難度的野營旅行列入考慮。野營旅行就是帶著露營需要的裝備上山過夜。在靜寂的森林裡，你會擁有非常多探索潛意識與無意識世界的時間。

小說《牧羊少年奇幻之旅》（*The Alchemist*）被譯成全世界七十三種語言，受到全世界的喜愛，包括我。我喜歡這本書，不是因為它是全球暢銷書，而是因為作者把自己充滿魅力的日常投映其中。該書作者保羅．科爾賀（Paulo Coelho）過去是名平凡上班族，他走在西班牙聖地牙哥朝聖之路（Camino de Santiago）時，發現了夢想——寫一本有趣的小說，乘載他夢想的小說就是《牧羊少年奇幻之旅》。該書主角是一名為了尋夢而踏上旅途的牧羊少年。牧羊少年的旅途，同時也是作家科爾賀的人生旅程。我們也有機會像科爾賀一樣，找出夢想。

骰子已經擲出，我們的人生只有一次。人生之路本來就不是偶然造就，只有在我們朝著夢想的目標前進時，才能走完那條路。沒有夢想的人生，猶如漂流在水上的無槳之船，一路隨波逐流，多半會被浪濤捲走，再說了，沒有夢想，當然無法實現夢想。從未夢想過當老師的人，不可能成為小學老師；從未夢想過當電影導演的人，不可能獲得奧斯卡最佳導演獎。不僅如此，我們的人生會因為沒有夢想而變得悲慘，還可能拼死拼活的努力，到頭來成就了別人的人生。所以，請你重新鼓起勇氣，不要猶豫，現在還不遲，設定自己人生的實質性目標吧。

我很喜歡韓國電影《那才是我的世界》中，主角李炳憲吟誦傳奇拳擊選手穆罕默德．阿里（Muhammad Ali）名言的一幕——「不可能不是一個事實，而是一種意見。」（Impossible is not true. It's just suggestion.）在我心中，這句話可以說是至高名言。夢想會對所有人敞開大門，我們不應該愚昧地判斷未來，踐踏自己人生的可能性，應該改變自己對未來的看法，朝那扇門邁出第一步，得讓自己說出：「可能性是一種事實，是守護自我的正確想法。」

05 選擇比能力更重要

「最終決定命運的不是我們的能力，而是我們的選擇。」這是奇幻冒險電影《哈利波特》（*Harry Potter*）中出現的經典臺詞，是霍格華茲魔法學校的鄧不利多校長藉此鼓勵自愧能力不足的哈利。

在越來越紊亂無序的時代，無論是社會或經濟，各種領域都在不斷地擴張，在韓國，個人與個人、團體與團體之間不斷發生衝突，類似事件也擴散到了網路世界。人們進入了難辨是非的時代，在這個脫序、爆發嚴重衝突的社會裡，我們能守護自我的唯一途徑，就是專注於「正確的選擇」。

人類天生喜歡擁有選擇權，一項有趣的實驗證明了這點。《誰在操縱你的選擇》（*The Art of Choosing*）一書提到，心理學家把一條繩子放到出生甫四個月的新生兒手中，繩子連結到一個音樂裝置，新生兒拉一下繩子，該裝置就會播放音樂，再拉一下繩子就停止音樂。新生兒玩了一陣子後，心理學家調整了裝置，此時拉繩子不再會有音樂發出。失去選擇權力的新生兒覺得煩躁，最後放聲大哭。這項實驗充分說明了追求選擇的權利是人類的天性。

每個人在人生旅程中都會面臨無數的十字路口，有極為誘人的選擇，也有吸引力低的選擇；有出色的選擇，也有愚昧的選擇；有獲得的選擇，也有失去的選擇，還有不計得失的選擇。我們總是很難找到完美的選擇，但不能因此就放棄人生中選擇的權力，方法只有一個：不要被簡單的選擇牽著鼻子走，而要專注在做出「正確的選擇」上。

如何不依靠外部力量，而是靠自己的意志與行動做出正確的選擇，是我們人生中至關重要的問題。而衡量正確選擇的標準為何呢？那就是「**是否與我的夢想有關**」。在任何情況下，夢想都必須成為選擇的標準，如果某件事會影響到你能不能實現夢想，你就不要介意別人的視線，一定要實踐它才行。因為無論何時，它永遠都是最正確的選擇。

《來自日本電產永守重信社長的四十二張傳真》（暫譯）的作者川勝宣昭這麼說：「人與人之間的能力差異至多五倍，思想意識的差異卻能達百倍。人的能力難以精進，思想意識卻可經磨練提高。勝與敗的差距，不出於個人能力，而在於那個人的思想意識有多清晰、具體，能否幫助他在任何時刻都做出正確的選擇。」

長大成人的意思是什麼？就是學會尊重自我選擇所帶來的結果，同時也能承擔伴隨選擇而來的一連串責任。在我們小時候，父母老師會代替我們做選擇，而長大成人之後，我們要自己釐清界線，朝自己想要的方向去制定人生框架。重要的是，我們不該在難與易之間做選擇，而該在對與錯之間做選擇——選擇正確的事，做出與其相應的行動。做出正確選擇，是比聰明才智更重要的人生價值。擁有夢想是幫助我們領悟人生價值與尊嚴的方式，所以，無論他人是否認可，我們都應該尊重與理解自己的夢想，在意周遭視線，就無法走近自己的人生。夢想破滅之際，我們就會失去支撐的力量，所以即使身處絕望，只要我們面對「夢想的方向」做出選擇，那個選擇永遠都會是「正確的選擇」。

腦科學專家揭露了「人類的大腦只會看自己想看的、只聽自己想聽」的事實，還有，人類傾向接納自己想感受的對象，也就是說，大腦會按我們所希望的方向去認知一切。舉例來說，你怎麼認知下頁的圖片？你覺得它是「向上的階梯」，還是「被倒放的階梯」？

這個問題沒有標準答案，也和第一直覺無關，全看解題者個人的認知方向，單純反映出人類的錯覺。你想讓大腦覺得它是「向上的階梯」，只需要把視線聚焦在左上方，再慢慢地朝左下方移動。反之，你希望大腦覺得它是「倒放的階梯」，只需要把視線聚焦在右下方，再慢慢地朝左上方移動。

事實上，這張圖和接下來要探討的問題有關。

假設你有一個目標必須爬到高處才能實現，而這個階梯是唯一爬上去的方法，那麼大腦就會把它視為一個向上的階梯。就算一開始覺得它是倒放的，但只要你聚精會神地想著：「這是我唯一能爬上去的方法。」不用多久時間，你就會看見一個向上的階梯。這解釋了人類大腦的認知會隨著個體一開始的焦點而改變，**我們一開始看待事情的觀點，會影響到我們能否實現人生目標**。

同樣地，消極思維只會瓦解人生心態，對人生毫無助益，所以，在制定夢想時，請你先樂觀看待自己。「我真的可以成為那種人嗎？」、「那個夢想才不適合我！」、「我缺點這麼多，怎麼可能實現那個夢想！」如果你的大腦裡不斷地盤

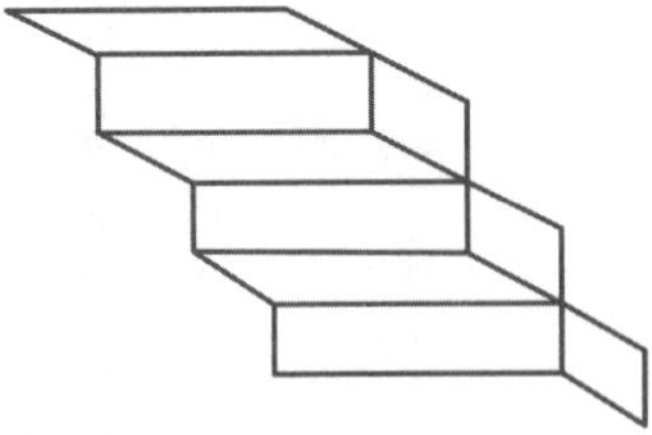

旋這些念頭，請快點刪掉吧。所謂的缺點不過是自我設限的偏見，別人有可能不把你的夢想當一回事，有可能會說你的夢想不適合你。但不要介意那些。那是你的夢想，不是別人的，跟別人沒關係。被他人感情壓制所做出的選擇，往往會讓你後悔。

強．高登（Jon Gordon）有本書叫《能量巴士》（*The Energy Bus*）。我很推薦大家去看，那是本很薄的書，很快地就能讀完。書中介紹了佛祖的故事，看完之後，大家會了解為什麼「選擇」在我們的人生中至關重要。

某一天，弟子問佛祖：「老師，我的心底似乎住了兩條狗。一隻樂觀又溫馴，另一隻消極、凶惡又殘暴。兩隻狗在我心底不斷地爭吵，您覺得哪一隻會贏呢？」佛祖想了想，回道：「你最常餵食的那隻會贏。」

我們必須明白，自己最細心呵護與關懷備至的那一方必然勝利。我們既不能放棄人生，也不能把人生讓給別人，用正面態度看待人生，認可自己的夢想，專注在夢想上，才是「最正確的選擇」。

第三章

實現夢想
就能得到幸福

「幸福」如陽光般，有益現在與未來，我們要想幸福，就得確保與其相符的「依據」與「脈絡」，而實現幸福就是走向幸福的最大依據。

01 讓你感受不到幸福的兇手

在法國巴黎市區，有一家人滿為患的精神醫院，身為醫生的赫克托先生，對自己能幫助到許多患者，感到心滿意足。不過，隨著時間過去，他的心中產生了一個疑問：「每個來談者的社經地位都很好，卻異口同聲地說自己不幸福，人們究竟為何感到不幸呢？」赫克托先生終日苦惱這個問題，直到某一天，他意識到自己也不幸福，於是決定踏上「尋找幸福之旅」。

赫克托先生關起了醫院大門，踏上了尋找幸福真義的環球之旅。他去了中國少數民族居住的高原，也去了窮困危險的非洲、高樓大廈櫛比鱗次的美國與澳洲。走遍世界各地的他遇見了形形色色的人，包括洗衣場裡妙語如珠的中國少數民族女性、認定錢就是幸福的銀行家、為求一家溫飽不得已販毒的非洲年輕男性，和正在進行人生中最後一趟旅程的癌症末期患者。赫克托先生近距離地觀察人們的生活，詢問他們關於人生的問題，慢慢地，赫克托先生的筆記本寫滿了關於幸福的祕密。

「所謂幸福，就像獨自散步在寧靜的林間小徑。實現幸福的第一個祕密就是『不與他人比較』。」以上內容出自於《尋找快樂的十五種方法》（*Hector and the Search for Happiness*）一書。讓我們細品這句話的意思吧。它點出了幸福不是別人給的禮物，更不是在意別人眼光或與別人比較就能得到的，從他人的視線絕對無法看見幸福，若要找到幸福，必須從自身出發。

你的人生不需要和其他人的一樣，就算差不多，也沒必要拿自己的人生價值與他人比較。我們都很清楚這件事的道理，卻在無意識中比較自己與他人的生活，如此一來，我們會陷入什麼情況呢？用腦科學來解釋，即為：人類的大腦會對某些現象產生錯覺，其代表案例之一就是「聚焦錯覺」（focusing illusion），意指過於在意某一特定要素，會使得該要素對其他方面產生過度負面影響。一篇針對聚焦錯覺的研究論文〈使用臉書對生活滿意度的影響〉指出臉書使用率越高，生活滿意度就越低。比方說，你的朋友參加了墨西哥坎昆郵輪之旅，他上傳一張以加勒比海夕陽為背景的絕美照片到臉書上，雖然你羨慕嫉妒恨，心裡想著：「他一定超開心的吧，我每天忙於生計，什麼時候才能去那種好地方呢？我這輩子有這種機會嗎？」卻不得不按讚。

當我們看著社群媒體上他人多采多姿的生活照，相形之下，自己的生活如此寒酸，感受到嚴重的相對剝奪感，韓國最近還因此出現了「咖啡因[9]上癮者」，指的是沉迷於 Kakaotalk、臉書（Facebook）和 Instagram 的人，這類人很容易陷入聚焦錯覺的泥淖。當你在意某人，你的大腦必然會高估對方的人生，並否定你的人生。

實際上，根據東方快線網路市調公司於二〇一七年以韓國國內社群網站使用者為對象，進行了「社群網站使用與疲勞症候群相關認知調查」研究，研究結果指出，韓國人認為大家在社群網站的發文性質主要分為「炫耀文（三六・七％）」、「日常紀錄（三三・六％）」與「分享資訊（二九・八％）」等等。大學消費者趨勢分析中心針對此一結果給出了如下解釋：「人們之所以喜愛透過社群網站，自導自演日常、時時刻刻拍照上傳、炫耀自己的日常體驗等，是因為他們渴望透過周遭人的評價，感受到自己的存在。」我們可以從這項研究學會一件事：要避免他人看似精彩的生活滲入我的心中，即便嫉妒只是一時的，卻有使我們人生枯萎的可能。

所以，如果你想變得幸福，就得學會獨自漫步寂靜的森林，找出賦予自我人生意義與價值的對象。你人生的幸福就在你的心中，如果你無法把自己從他人的視線與言語中解放，幸福就不可能到你身邊。所謂的幸福，不該是與別人比較後，對真實的自我打上的「問號」，而是就算微不足道，也能替真實的自我打上的「驚嘆號」。因此，或許幸福的反義詞就是「不幸」與「比較」。比較是偷走我們內在幸福的小偷，它絕對無法令我們幸福，在把他人與自己比較的瞬間，我們會變得悲慘或驕傲自滿，所以，從現在起，請你絕對不要把自己的幸福決定權拱手讓人。

••

❾ Kakaotalk（一種韓國通訊軟體，類似臺灣人常用的Line）的「Ka」、Facebook的「Fa」、Instagram的「In」三者的首字發音連起來與咖啡因相似，故稱為「咖啡因」。

02 消除往日不安的方法

有一隻正在翱翔天際的鳥，牠喜愛新奇的體驗，每天隨心所欲地選擇自己的棲息之地，因此牠見過不少奇岩異石與珍奇異獸，也有過身陷危險的時候。牠喜歡在兩翼上掛小石子，紀念新奇的體驗，開心的事就掛一顆白石子，難過的事就掛一顆黑石子。牠最喜歡停在枝枒上，欣賞自己雙翼的石子，回味過往。隨著時間過去，牠收集的石子越來越多，回味過往的時間也越來越長，最後，牠再也飛不動了。因為雙翼掛的石頭太多、太重，如果牠不振翅，抖落石子，就休想重返天際。

這是韓國詩人柳詩畫在隨筆集《鳥飛的時候不會回頭》（暫譯）中提到的小故事。精神分析學家佛洛伊德（Sigmund Freud）說過：「幸福的另一端是不幸。如果想知道不幸的原因，就得回顧過往。」佛洛伊德主張人類眼前的感受，源自過去某段特定時間所發生的「特定」原因，過往經驗抑制的資訊，會在無意識中影響我們現在的知覺、情緒與行為，佛洛伊德稱之為「情結」（complex）。情結可以想成是種感受。我們的意識本應引領我們做出自由又獨立的行為，就像史上的科學家與藝術家，本著自我意識所做出的創意性行為一樣，但當我們被某種情緒束縛而難以脫身，就將成為無意識世界中的旁觀者，做出的行為只能被視為無意識行為或情結，我們也將無法理解什麼是創意性行動。

過去是今日的借鑑，是歷史中無法抹滅的痕跡，雖說過去的錯誤與行為會影響人生，可是，過去絕不是我們的「現在」，不會成為決定我們人生幸或不幸的重要變因。

我們唯一能確定的事是沒必要糾結過去，活在過去事件的陰影下，把現在也變成了不幸的過去。困於過去，當然看不見未來，無法前進，讓過去的錯誤選擇與失誤支配現在，是不可取的。我們必須讓現在成為抵抗過去的新起點，與其執著於改變不了的過去，不如把注意力移往即將到來的未來，甩開掛在羽翼上的石子，重新翱翔天際。我個人不認同佛洛伊德的主張，我們要想辦法擺脫「人生是後付制」的刻板觀念，那麼該用什麼心態看待過去呢？首先，你要明白過去唯一的意義，是讓我們意識到問題所在。

根據《聖經》記載，上帝以不完整為前提，按照自己的形象，用泥土塑造了人類，祂為了讓人類能克服不完整，賜與人類神祕的神聖之力。人類一開始不清楚這份力量是什麼，但通過偉大的思想家與哲學家之口，得以揭曉其本質——那就是「思想」，它能引領人類前往目的地。換言之，利用上帝賦予的思想力量，可以挖掘出智慧、勇氣、自制力、想像力與創意。

這五個單詞的共同點是它們都不適用於過去式，無論何時都和指向未來的行為一起使用。上帝初創人類之際，賦予我們作為客體的不完整人生，因此我們會犯重複的錯。不過，上帝也賦予我們智慧、勇氣、自制力、想像力與創意，以現在為起點，擺脫過去、奔向未來、重新開始的特權。而先聖先賢也早已揭示，人類一生中最大的榮耀是「擺脫現有困境，捲土重來」。

精神分析學家阿德勒（Alfred Adler）、佛洛伊德與榮格（Carl Gustav Jung）為心理學三大泰斗。阿德勒所提倡的「目的論」（finalism）和佛洛伊德的「因果論」（causality）是截然相反的概念。阿德勒認為引發人類所有行為與情緒的根源均來自指向未來的「目的」，當人類有想要實現的明確目的時，過去的經驗會因此被引出，但過去的經驗並不能拘束現在和未來。他強調人類是被未來而不是被過去驅使的生命體，建議每個人找出未來能讓自己自由與幸福的人生根源地。根據阿德勒的觀點，我們應該把人生視為預付制而不是後付制，也就是說，是夢想引導了人生方向，而我希望大家都能接受阿德勒的觀點。

如果幸福真的有產地，那個地方應是未來夢想所在之地，而不是過往執著停留之地。如果你現在喪失了人生方向與目標，或者它們被隱藏在大霧之後，若隱若現，你也無須擔心，只要想著：「雖然過去的夢想消失了，我現在變得有氣無力，但我會重振旗鼓，拋開過去，現在是我朝未來夢想邁步的新起點！」唯有如此，你才能早日擺脫不幸陰影。

現在就是起點，是時候朝幸福邁出第一步了，別猶豫，掏出你的幸福種子吧。「幸福的種子」就是「夢想的種子」。要是你的心底還藏著小時候的夢想種子，請不要丟掉任何一顆，把它們掏出來吧。無論是長大成人之後，因為妥協於現實而逐漸遠離的學生時代夢想，或是幾年前一閃而過的夢想都沒關係。如果你搞丟了夢想種子，那也無需放棄，從現在起，重新創造新的夢想種子就行了，一切都來得及。以我為例，我高中時，希望自己成為研究學者，到大學教書。我遺忘了那個種子好一陣子，直到大學畢業好幾年後，才又掏出它，並且在三十多歲實現了它。現在，我種下了另一顆夢想種子，期許它能在二十年後發芽，我每天邊懷抱著那個夢想，邊準備著人生下半場的比賽。

你要懂得如何描繪夢想種子發芽、開花、結果的瞬間。假使你能找回一度被遺忘的夢想，那是一種幸運，但如果情況不允許，也沒關係，你可以創造另一顆夢想種子。無論如何，想過幸福的人生，就一定要準備好「夢想種子」，與讓它發芽長大的「夢想計畫」。也許你會覺得夢想計畫很難具體化，那是因為過去沒人教過，只要按照本書的方法，人人都能辦到。

現在你要做的是掏出夢想種子，整理人生的實質化目標——夢想，然後把整理好的內容製作成「夢想地圖」。根據我過去舉辦成人研習營的經驗，大家完成夢想地圖的平均時間為三到四小時，第一次的成品多半不完美，但經過修改後，就能近乎完美。在你完成夢想地圖之後，就能確認人生的真貌，對人生的茫然與不安會被消除，並產生信心。因為茫然不安是無法確定某特定事實時才有的情緒。

03 幸福的真正意義

「今天過滿意的人生吧，還有，現在馬上幸福吧。『為幸福做準備』是沒幸福過的人說的話，所以不要花一輩子準備幸福，從現在開始幸福吧。」這是我在某本散文集中看到的文章，讀完之後，我的思緒變得混亂，各位呢？你們也對這篇文章產生了共鳴嗎？我個人反而是產生了困惑。要是真的有能跳過準備過程，直接變得幸福的方法，我很想知道那個方法是什麼。為了準確掌握這篇文章的意義，了解我們心中是否真的存在能控制幸福的系統，先了解何謂幸福的真貌吧。

享樂主義派的古希臘哲學家主張快樂享受才是幸福。他們認為感受到最大化的快樂，就能獲得幸福。蘇格拉底、柏拉圖與亞里斯多德卻持相反論調，主張幸福與「人類理性判斷之下的真理」有關。這與英國自由主義哲學家約翰．彌爾（John Stuart Mill）的論點一脈相通。彌爾說過：「比起吃飽的豬，寧當不幸的蘇德拉底。」[10]，斷然地否定了享樂主義。而現代美國人本主義心理學家卡爾．羅哲斯（Carl Ransom Rogers）則主張具備智力、情感與自我實現的「全人」所在的世界[11]是幸福的象徵。另外，近期的澳洲哲學家彼得．辛格（Peter Albert David Singer）則提出實踐助人的利他主義的人生，是達到幸福的捷徑。

除此之外，還有一個人印證了彼得．辛格的論點，那就是德蕾莎修女（Mother Teresa）。她雖然生於南斯拉夫，卻在印度成立羅馬天主教仁愛傳教會，終生服務貧苦百姓，如母親般將一生奉獻給這塊貧脊土地上的患者。她說：「這世上有很多人因為一塊麵包而死，但還有更多人因為缺愛而死。」住在只有一張小床、書桌、衣櫃與十字架的陋室的她，細細叮囑人們應超越特定宗教，付出更高層次的愛與博愛。

在差不多的時期，韓國土地上有另一名聖人——性徹禪師，生於世俗，卻走上向佛之路。性徹禪師為了真理放下一切，換上襤褸僧人服，終其一生過著簡樸的修道生活。經過八年的「長坐不臥」修行，他終於悟道，留給世人「見山是山，見水是水」的法語[12]，以清澈正直的心態看待自己與世界，為眾生祈福。

德蕾莎修女與性徹禪師活在相同時代的不同地方，卻極其相似——把以「我」開始的思維中心擴張到「世界」，告知世人何謂真正的人生。德蕾莎修女身體力行，而性徹禪師參禪修心，兩人不再受到不穩定的快樂或痛苦的枷鎖等變化莫測的情緒影響，以純潔的心觀世，從而找到完整的幸福之路。這兩位聖人明確揭示了「幸福」是可以自我調節的情緒。

聊完了聖人的故事，換聊你我平凡人的故事吧。各位和我都沒有能調節幸福的內在系統，還會因為控制不了情緒爆發，屢屢破壞他人與自己的心，被憤怒的奴隸拖往痛苦邊際。有些愚昧之人，試圖用鴉片、嗎啡和海洛因等毒品擺脫痛苦，嘗試接近幸福。但只要我們稍微思考一下，就知道毒品能帶來的情緒，和真正的幸福感相距甚遠。吸毒者由毒品獲得的不是幸福，是快樂，是身體機能對感官的刺激，作出的暫時興奮反應罷了，是慾望獲得滿足所產生的短暫愉悅感，並不能稱之為幸福。

⑩ 完整原文是「當一個不滿足的人，勝過當一隻滿足的豬；當一個不幸的蘇格拉底，勝過當一個滿足的傻瓜。」（It is better to be a human being dissatisfied than a pig satisfied; better to be Socrates dissatisfied than a fool satisfied.）

⑪ 羅哲斯提倡全人教育，或稱人本主義教育，強調促進學生的智力教育，情感教育及追求自我實現。

⑫ 由宋代禪宗大師青原行思提出，說明參禪的三重境界，性徹禪師借引。

現代哲學家明確地區分了「快樂」與「幸福」，前者是暫時性的興奮狀態，後者是持續一段時間的主觀內在平和狀態。社會學與心理學也是以相似的概念闡釋幸福——人類會根據過往經驗去判斷當下所感受到的情緒，其中之一就是幸福。

綜合哲學、社會學與心理學觀點所述，所謂幸福就是一種舒適的感受，不是客觀感受，而是主觀感受，會根據過去的體驗反映在未來的心情。另外，幸福不是單純的激動狀態，也不是瞬間表露的情緒，而是維持一定時間的高層次情緒。因此，幸福感絕不是通過毒品創造出的「人為快樂」，也和吃到美食出現的「短暫滿足感」相距甚遠。人們的大腦對幸福感的反應，和對毒品或食物所啟動的補償機制，截然不同。儘管我這樣子定義了幸福，但大家可能還是沒什麼共鳴，讓我更進一步解釋吧。

這三個詞「驕陽」、「晨曦」和「日照」都代表了太陽發出的光芒，但語感略有差異。「驕陽」有直接又強烈的感覺；「晨曦」和驕陽雖然很相似，但沒有驕陽這麼強烈，相對柔和，而且帶有暖和感，照射的面積感覺也比較寬廣。比方說，「晨曦灑滿了窗邊的桌面」就很好地體現了晨曦的感覺。而「日照」強烈又持久，相比驕陽，陽光照射的領域更廣，很適合用在「秋天的日照真棒，田野染上了金黃色的光芒」這類的語句中。還有，日照給人的溫度感覺更高。

讓我們再次思考幸福的定義吧。首先，我們可以把快樂想成驕陽——短暫，深入骨髓，強烈又直接。毒品能帶來的短暫興奮狀態就是這樣的。那麼，我們吃美食，或和朋友歡聚所產生的愉悅感是什麼呢？這種愉悅感好比晨曦。我們有時會「愉樂」來形容這種感覺，只不過愉樂是個冷門單詞，過去一度風行的「小確幸」也是這種感覺。日常中的小小樂趣，讓我們心滿意足，開心歡笑好半天，甚至好幾天。

最後，當我們實現自己的人生目標時，我們所感受的情緒是什麼？比方說，你終於進入了夢寐以求的公司，能做自己長久以來想做的工作。這時候產生的情緒，不是驕陽，也不是晨曦，而是日照——用強烈的高溫，持久加熱遼闊的場域。這就是幸福感。幸福感就像日照一樣，「滿足了人生需求，會持續好一段時間的情緒」。

我們要了解幸福，就得先學會怎麼區分「快樂」、「小確幸」和「愉樂」。真正的幸福無法強求而來，也無法人為製造，而是在自然平和的狀態下，能長久持續的結果。快樂強烈、短暫，很快就會消失無蹤，小確幸和愉樂能夠停留幾天後消失。只有幸福是感染範圍廣，緩慢地蔓延，能停留在我們身邊幾個月、幾年，甚至一輩子的情緒。所以說，活出讓自己滿意的人生，才是真正的幸福。

我們再想一下前面引用的話吧。「今天過滿意的人生吧，還有，現在馬上幸福吧。『為幸福做準備』是沒幸福過的人說的話，所以不要花一輩子準備幸福，從現在開始幸福吧。」在這裡提到的幸福不等於「快樂」，顯然也不像「日照」般的幸福，更接近當下的感受，即「小確幸」與「愉樂」。哲學家主張真理應有益現在，並有益於未來。因此，我們的人生不該只滿足於有益現在的事物，得找到貫穿現在與未來，都能帶來益處的事物。在人生中，對現在有益，對未來也有益的事物，就是如日照般的幸福感。

04 幸福與夢想的關係

我們在前面討論了人生的幸福，從《尋找快樂的十五種方法》，我們懂得幸福存在個人心底，和別人比較是找不到的；通過阿德勒的心理學，我們明白了幸福的根源不該由過去，該從現在與未來尋找。我們也一起理解了幸福的定義：懂得區分快樂、小確幸和愉樂。

接下來，我們要看理性與感性。幸福是內在思考處理外部刺激帶來的資訊形成的結果，而監視與調節這種內心活動的裝置，就是理性與感性。假如理性和感性分成藍隊與白隊，進行拔河比賽，哪一隊會贏呢？為了找出答案，我們要看看人類驚奇的大腦，了解大腦控制感性與理性的部分，還有兩者之間的關係。

腦科學家指出人類的大腦由腦幹（brainstem）、邊緣系統（limbic system）與新皮質（neocortex）三個部分所組成。腦幹位於大腦最深的下方，負責運行人類無法以意識控制的功能，包括呼吸、心跳、消化與調節血壓等生理自律機能，維持生命，因此又稱「生命中樞」。在人類的進化不同階段中，腦幹是爬蟲類演化時期出現的部位，因此又稱「爬蟲腦複合區」（reptilian complex）[13]。

邊緣系統位於腦幹上方，包括海馬迴（hippocampus）與杏仁核（amygdala），支援多種功能，如：記憶、情緒、動機賦予等等。邊緣系統中最主要的部分——海馬迴負責掌管記憶，杏仁核則掌管情緒。海馬迴與杏仁核相互依存，伴隨情緒的刺激經驗會被存成記憶，日後受到類似刺激時，大腦就會重新提取和過往記憶有關的情緒。所以說，情緒意味著關於過往經驗的記憶，而情緒和記憶之所以相互依存，是因為海馬迴與杏仁核是相連的。另外，邊緣系統是記憶與情緒的根源，因此又被稱為「感性腦」。

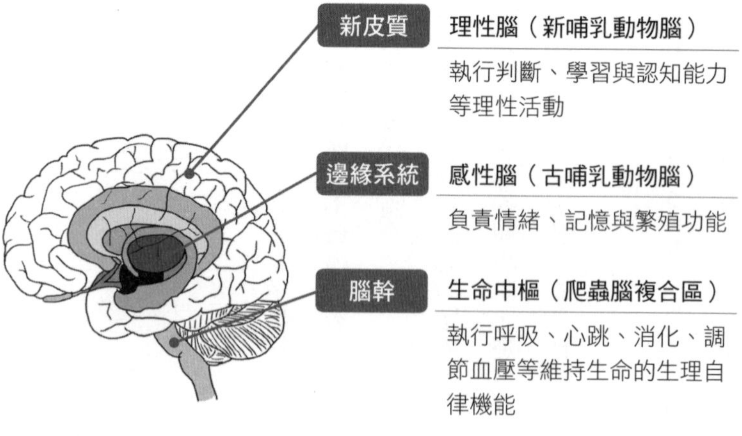

地球上所有哺乳動物的大腦都有邊緣系統，故邊緣系統又稱「古哺乳動物腦」。

最後是圍繞在大腦最外側的新皮質。哺乳動物中只有靈長類動物的大腦有新皮質，人類的新皮質尤其發達。新皮質由四個部分組成：額葉（Frontal lobe）、顳葉（Temporal lobe）、頂葉（Parietal lobe）與枕葉（Occipital lobe）。其中，額葉是掌管大腦所有功能的指揮官，數百億個神經細胞交織在新皮質上，新皮質不僅僅負責各種人類的理性行為，像是判斷、學習、認知能力與創造等，也掌管了為他人著想的「利他之心」，人類所做出的最高難度理性行為，因此，新皮質也被稱為「理性腦」。另外，由於這是人類有別於其他動物的大腦部位，也稱為「新哺乳動物腦」。

爬蟲類動物如鱷魚，因為只有腦幹，沒有邊緣系統，所以在生蛋孵化後不會養育下一代。母狗不一樣，腦中的邊緣系統會發揮作用，命令牠餵小狗喝奶。而人類之所以與其他動物不同，懂得發揮想像力、運用集體智慧、將生活方式融入了文化，是因為人類的大腦中有新

⓭ 出自美國神經科學家保羅・D・麥克萊恩（Paul D. MacLean）的「三重腦假說」（Triune brain），將人類大腦分為三層，分別是：爬蟲腦、古哺乳動物腦和新哺乳動物腦，但現已不被主流神經科學界採納。

皮質。

新皮質重量約六百公克，約為百分之四十的大腦總重量（約一千五百公克）重。在此有一個重點，那就是如有必要，新皮質能控制與調節邊緣系統與腦幹的功能。比方說，有人忽然從我後方接近，拍了我的肩膀，嚇了我一跳，但我馬上認出對方是我的朋友，變得安心。儘管邊緣系統瞬間誘發了我的「吃驚」反應，但新皮質替我確認了對方是朋友，控制了最終反應「安心」。我們在承受日常生活壓力時，也是如上反應。壓力來自基本情緒與慾望的壓迫，是「理性腦」新皮質過度控制「感性腦」邊緣系統與「生命中樞」腦幹所致。

還有，另一個重點是，只有人類才能感受的高層次情緒，如幸福感、自豪、愛等，無法與外部環境刺激分離。也就是說，在輸入周遭環境條件後，新皮質會誘導邊緣系統產出與其對應的情緒，我們通常稱為「調節情緒」，而新皮層所掌管的「理性」，會負責調節情緒。理性無法消除原始情緒，但擁有調節該情緒，誘導該情緒作出反應的強大力量。

理性與感性之間，究竟有何種裝置促使這種事發生呢？腦科學家發現負責感性的邊緣系統，和負責理性的新皮質之間，有一個特別的通道——「巴貝茲迴路」（Papez Circuit）。巴貝茲迴路位於邊緣系統內，負責連結人類從經驗所獲得的情緒與記憶，也負責啟動新皮質去控制邊緣系統所感受到的情緒。人類對於外界刺激的「即時的第一反應」，發生在邊緣系統，而巴貝茲迴路幫助新皮層檢視該反應，將其轉換成「提煉過的第二反應」。簡言之，巴貝茲迴路發揮了中間橋樑的作用，幫助人類作出理性判斷，以調節情緒。

近來也出現了支持以上論點的心理學相關研究。美國心理學家理查．拉薩魯斯（Richard S. Lazarus）強調人類的理性與感性不可分離，主張應該構建一個內在系統，使理性與感性相互作用，以應對外部環境。人類的情緒不是某一瞬間出現而蔓延的，情緒背面存在著以理性、思考與推論為基礎的邏輯迴路，兩者共同運轉著。理查．拉薩魯斯著作《感性與理性》（*Passion and Reason*，暫譯）中有個很好的範例。一位太太每天早上會幫先生榨柳橙汁，某天卻一反常態地拿給先生冰箱裡的現成果汁，先生不高興，太太生氣地回嘴，想喝新鮮果汁就自己動手榨。太太為什麼會這樣呢？太太的情緒源自先生前一晚的無心之舉。原來先生昨晚下班回家，因為公司升遷落選而不開心，不理會太太的問話，做自己的事。而不明不明就裡的太太不滿先生的沉默，在隔天早上宣洩了她的情緒。

理查．拉薩魯斯點出人的主要情緒可分為十五種：「憤怒、不安、內疚、羞恥、失望、嫉妒、安心、希望、悲傷、幸福、自豪、愛、感激、同情與美感經驗」。他強調這些在動物身上找不到的高層次情緒，就像小說或電視劇一樣，有明確的根據與脈絡。根據與脈絡，就是隱藏在情緒之下的「理性邏輯迴路」。大腦啟動以理性為基礎的邏輯迴路，將其產生的結果，重新體現於人類的高層次情緒上。

我來重新歸納統整一下吧。「理性邏輯迴路」是調節人類一切行為的裝置，讓理性與感性不再是對峙關係，成為相輔相成的並存關係。每當我們受到外界刺激，情緒會第一個作出反應，而邊緣系統會負責調節最原始反應。倘若邊緣系統的原始反應不足或過度時，新皮質會擔任指揮官，調整原始反應，動用「理性」裝置，觀察表露於外的原始情緒，有必要的時候延遲反應，之後，由邊緣系統輸出調整過的第二反應。簡言之，人類對於外界刺激的大腦活動表現過程是「表露第一情緒反應→通過理性控制→表露第二情緒反應」。

幸福感也一樣。幸福感是我們的大腦處理外界刺激的資訊後輸出的正向結果。邊緣系統接收外部刺激，經「理性」審查後，再輸出正向情緒——「幸福」。總結而言，人生的幸福感源自情節（Plot），指的是對於某特定事件的因果關係。我們之所以感到幸福，是因為人生中產生了正向經驗，再經理性邏輯迴路處理後，「持續製造令人愉快的第二情緒反應」。如果我們想變得幸福，就必須有能變得幸福的根據與情節，而「實現夢想」就是幸福的最重要根據。

05 自尊和自我實現

接下來，讓我們搭配現實人生條件，繼續深入了解幸福吧。我在前面說過，幸福就是「在人生某一段時間，對自己的人生感到滿足與喜悅的狀態」，而幸福感可以解釋為「滿足了人生需求後，所產生的高滿意度且持久穩定的情緒」。這裡說的「需求」，是指我們的生理與心理進行了某些活動，以彌補內心的不滿足感。就這個觀點來看，幸福感與現實的「人生需求」是相連的。

美國心理學家馬斯洛（Abraham H. Maslow）提出了需求層次理論（Maslow's hierarchy of needs），說明人類在五種不同層次時的需求。根據個人所處的人生環境，直面五種不同層次時所形成的需求。每個層次由低至高，以金字塔的形式呈現。最下層是為了生存下去的「生理需求」，意指吃喝拉撒睡。當生理需求被滿足後，我們就會想追求自身安全感的需求，也就是第二層「安全需求」。第三層是「愛和歸屬的需求」，意指渴望擁有歸屬感的需求，像是結婚、建立家庭、戀愛等。第四層是「尊嚴需求」，包括對自我成就與價值的感受，以及他人對自己的認可與尊重。最後，第五層也是最高層次的需求，是「自我實現需求」，意指調整自己的行為態度，挖掘自我潛能，追求自身慾望。

馬斯洛意識到這五種需求按先後順序組成，除了少數特例外（如德蕾莎修女），大多數人只有在低層次需求獲得滿足後，才會生出更高一層的需求。低層次需求得不到滿足，就不能往上一個層級。

假設我們回到了用斧頭打獵、摘採樹

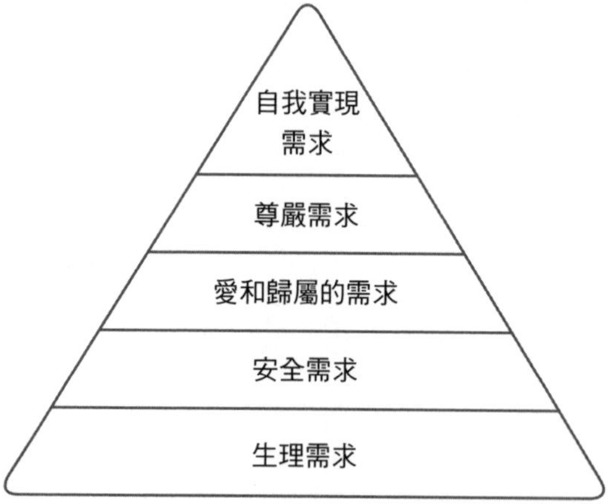

【由五層次構成的人類需求】

上果實的石器時代，石器時代的人類以第一層次「生理需求」為主，他們的幸福標準，當然與和食衣住行息息相關。二〇二〇年一月初，中國湖北武漢出現全球首例新型冠狀病毒病例，震驚全球。在第一起死亡病例發生後一個月內，全中國超過兩千人死亡，確診者人數逼近八萬人。當時各國紛紛出動專機，將滯留中國境內的國民帶回母國，但有十三名滯留於武漢的塞內加爾留學生例外。當時，塞內加爾留學生的家人焦急要求政府撤僑，塞內加爾總統卻表示「貧困的西非國家無法與大國相比，撤僑不易」。站在不幸的塞內加爾留學生與其親屬的立場上，他們的人類需求是怎樣的呢？他們身處病毒猖獗的地區卻得不到任何庇護，對他們來說，最重要的問題會是什麼？大家想得沒錯。為了從無形的病毒中保護自己與家人，他們會把安全需求視為最優先，也就是馬斯洛需求理論的第二層級需求。在此一層級中，安全得不到保障是不幸的，相反地，安全獲得保障是幸福的。讓我們把視線轉到我們生活周遭吧。我們身邊會見到一些沒有家人照顧、孤苦伶仃的鄰居。對他們來說，幸福就是得到家人的愛，也就是馬斯洛需求理論的第三層級「愛和歸屬的需求」，如果這些人能感受到歸屬感與愛，就會感到幸福，反之，則感覺自己不幸。

像這樣，根據每個人所處的情況與條件不同，對幸福的解釋各不相同。我們在解釋幸福的時候，也應該根據各自面臨的人生需求，用相對應的觀點解釋之。我希望正在讀這本書的大家，所處的環境並不像上面的例子糟糕，那麼，各位的需求應該是屬於哪個層次的呢？我們的幸福定義與需求，究竟會和馬斯洛需求理論中哪幾個層級相關呢？我想，大家應該至少解決了前三個層級的需求，所以，現在我們只剩下「尊嚴需求」和「自我實現需求」。第四層級與第五層級的需求無法一次性解決，不付出代價是無法滿足的。

近代社會心理學研究指出，如果無法滿足尊嚴需求與自我實現需求，現代人就會感覺自己不幸福。尊嚴不來自外部因素，而是出自內心對自己的尊重感，自我感覺是有用的人，能決定自己想要什麼，在保持內心平靜時所表現的積極自我，能使自己獲得自尊。自尊低的人絕不會幸福。此外，自我實現需求也一樣。我們只有在能發揮自身潛力、發揮自己獨特的想法、創造出理想成果時，才能滿足自我實現需求。假如自我實現需求滿足度低，我們也會覺得自己的人生價值與幸福感很低。總結來說，我們需要投入很長的時間，才能滿足尊嚴需求與自我實現需求。自尊越高，幸福的機率越大。滿足了自我實現需求，才能享受幸福感。幸福感是自尊與自我實現的結果。

幸福這東西有三個祕密特質。第一、它沒有適用於所有人的標準。第二、幸福無法在理性垂死的狀態下被實現，如：憧憬、願望與幻想。我們必須根據不同的對象支付不同的代價，才能實現幸福，這些代價包括了節制、努力、熱情與毅力等。第三，幸福不會引領我們的生活，反而是經常落後，想讓這傢伙成為「先鋒」，就要找到特別的方法。

我現在談的幸福，不是虛假的幸福，而是真正的幸福；不是滿足慾望帶來的自衛型幸福，也不是像小確幸或愉樂那種短效的喜悅，而是長效的高層次幸福，是能抵擋颱風與暴風雪，堅固且巨大的幸福。

如果要比喻，人生真正的幸福就像蘋果樹的果實，蘋果絕不會自己變紅，栽下樹苗，經過幾次颱風和雷電交加的風雨，栽種者要有足夠的意志與努力，得忍受逆境，流汗種樹三年左右，才能迎來結實纍纍的幸福果實。人生沒有不勞而穫的事，絕對不要期待靠憧憬、願望和幻想就能實現幸福，想要幸福就得付出相應代價。

想要幸福的人生、想要打下人生的穩固地基，你從現在起就得提前準備，把「制定好的計畫」擺在人生前方，讓它隨時隨地發揮安穩人生莫名情緒的作用。

在自尊與自我實現需求滿足後，我們才會感到幸福。幸福是理性與感性的高層次結晶，不是靠味覺或嗅覺等填充片面感性的經驗。腦科學所定義的幸福，是通過人類理性思維的認知化過程，再藉由新皮質表露的第二次情緒反應之產物。幸福是傾注熱情與毅力的人生實質性目標，是能把我們引往幸福的火車頭，唯有實現該目標，我們才能感覺幸福。所以，想變得幸福，大家得先把「夢想」放入心底，再朝夢想前進。如果不懷抱夢想，就無法擁有讓自己變得幸福的人生條件。從現在起，為了達成夢想制定計畫，請你描繪夢想地圖，讓它成為人生前方的先鋒。

第四章

擁有獨特又耀眼人生的方法

世上最值得相信的不是科學數據，也不是人們不明就裡的建議，自己設定的「想像目標」才是一切。

01 撒下想像的種子

在文藝復興前一千年的中世紀，歐洲人相信神是萬物的中心，不僅是自然現象，包括人類社會在內，世間萬事皆依隨神的旨意發生，「神本主義」思想支配了一切，導致歐洲人對一切的解釋都離不開神，像神賜的恩寵、神的指示、神的旨意等。進入近代後，神本主義被新哲學思維所取代，笛卡兒為代表人物之一。笛卡兒認為一切並非出自神的旨意，人類能理解這個世界是因為感覺、認知、記憶與想像所帶來的力量，而在感覺、認知、記憶與想像中，他認為最重要的工具是「認知」能力。認知能力指的是以因果的邏輯關係為基礎，解釋特定現象的能力，隨著輸入值的不同會產生不同的輸出值，數學思維即是認知能力的代表例子。

接下來，我們要離開四百年前的笛卡兒，聊一聊現在。二〇一六年三月與二〇一七年五月，Google 開發的人工智慧「AlphaGo」與韓國圍棋九段高手李世乭及中國圍棋九段名將柯潔的對弈，成為歷史上的大事件。繼二〇一六年李世乭落敗後，備受全世界矚目的柯潔也以零比三成績敗陣。

而除了AlphaGo之外，另一個也相當有名的人工智慧系統是ＩＢＭ開發的「華生醫生」（Watson for Oncology，簡稱ＷｆＯ），它是一個擁有龐大的臨床病例與醫學期刊資料，能提供醫生治療建議的癌症治療輔助系統，目前許多韓國大學醫院正利用它看診與開立處方簽[14]。以二〇一七年四月的資料來看，華生醫生的癌症診斷準確率為九六％。當時韓國普通醫生的正確診斷率介於七〇至八〇％，由此可見，華生醫生的能力遠遠超前人類。人工智慧究竟具有什麼能力，能遠勝人類的能力極限呢？

人工智慧電腦的演算法類似人類大腦神經網構造，只不過其運算能力與資料儲存能力遠勝人腦。在笛卡兒所提到的四種能力中，人工智慧電腦的認知（運算能力）與記憶（儲存能力）已經進化到人類無法難以比拼的水準。以二〇一三年上映的電影《雲端情人》（*Her*）為例，男主角西奧多和妻子離婚後，過著孤獨又無趣的日常，直到他遇見了人工智慧虛擬助手莎曼

[14] 臺灣也已於二〇一七年七月引進這套系統。

珊，一切變得不同了。她每天用甜蜜的聲音喚醒西奧多，睡前道晚安，給了頹廢的西奧多勇氣，西奧多不由自主地愛上了莎曼珊，兩人像交往多年的戀人般，每天都如同熱戀期。事實上，近年來，人工智慧電腦的專家熱衷於開發仿效人類情感的演算法，說不定人工智慧電腦能擁有人類般的情感，並不是遙遠的將來才會發生的事，十年內就會成為與人類共存的另一種型態的人類。

那麼，四百年前的偉大哲學家笛卡兒所說的人類獨有的四種能力，是否仍然特別？我們失去了優勢嗎？不是的。儘管人工智慧的記憶能力與認知能力超越人類，已然被證明，而且剩下的能力似乎不久後也會追上人類。但，人類還有一個關鍵優勢——想像力，在心中描繪未曾經驗過的事物與現象的力量，是人類不該放棄，最後僅存的特有能力。

人類是靠夢想維生的動物，夢想是從「想像」種子培育出的果實。也有人主張，如果夢想源自於「想像」的種子，代表裡面可能沒有實質內容。但，這是因為他們把「想像」誤解成虛構的概念，才會有此錯誤的主張。下面我會以人類學觀點，告訴大家人類的想像力是多麼偉大的遺產。

我們先來看歷史學家暨未來學家哈拉瑞（Yuval Noah Harari）的觀點。在哈拉瑞著作《人類大歷史》（*Sapiens*）中提到，一九三九年在德國霍倫斯坦斯塔德爾（Hohlenstein-Stadel）洞穴發現了「獅子人」（Löwenmensch），這是一座象牙雕塑像，是種獅頭人身的想像生物。據鑑定應是三萬兩千年前的作品。這件藝術品隱藏了什麼祕密呢？

哈拉瑞表示這個雕塑像是證明人類想像力的最早證據，只有人類才擁有在心裡描繪沒有經歷過的事物（例如獅頭人身）的力量。

舉例來說，人類的身體條件劣於大猩猩，假如一名人類與一頭大猩猩在荒林中展開殊死戰，誰會贏得勝利？大猩猩擁有耐寒的毛皮、擅於爬樹的四足、強健的牙齒與銳利的爪子，更利於生存。但如果我們改變條件呢？如果是一群人類和一群大猩猩打起來，會怎樣呢？結果會反過來，人類更利於生存。這是因為人類能憑藉集體意識分工合作，用更具體有效的方式發揮互補優勢，而在這個過程中，是人類的想像力發揮了巨大的力量。

再看另一個例子。原始人在林中採果實時，發現了在附近遊蕩的獅群，於是急忙跑去向族人通風報信，「樹林裡有獅群，不能去那邊。」族人雖然沒有親眼看見獅群，還是會相信他的話，想像出一群無形的獅子，絕對不會接近樹林。想像力，是一種縱使肉眼沒看見，也相信某個實體存在的力量，也是人類能成為世界支配者的原因。

我再強調一次，夢想是「想像」種子所栽種出來的果實，如果你認為夢想是現實世界中不可見的虛幻概念，那就無法實踐它。通常人們必須要實際感受到某項事物，才能得出「它」是實際存在的判斷，進而實踐「它」。源自於想像的夢想，也可以套用這個概念，因為夢想是我們想像自己內心所希望的某事，然後把那份想像變成種子，灑入時間的土壤，日後它會長成實際存在的事物。所以，在夢想成長為完整實體之前，我們要做的是活用時間，幫助夢想成長。

法國哲學家加斯東·巴舍拉（Gaston Bachelard）與哈拉瑞所見略同，都認為想像力是上天賜予人類的偉大財富。加斯東·巴舍拉被評價為「二十世紀的尼古拉·哥白尼」，十五世紀的天文學家哥白尼確立了宇宙的中心不是地球，而是太陽的宇宙觀（地動說），相對地，加斯東·巴舍拉則確立了想像力是人類世界中心的世界觀。他在《火的精神分析》（*Psychoanalysis of Fire*）一書中，充分描述想像力對於人類理解世界的重要性。他說道：「世上最值得相信的不是科學數據，也不是人們不明就裡的建議，自己設定的『想像目標』才是一切。」意即，在編織美好夢想或想像回憶的時候，只有當事人才能進入幻想世界。

希望大家不要向處處設限的現實屈服，別忘了，我們擁有人工智慧所沒有的偉大資產——想像力，也被賦予了能讓想像變成現實的時間。如果你是中年人，你還擁有三、四十年的時間；如果你是小學生，就還有六、七十年。餘生並不短，現在你最重要的任務，是把所有想像力傾灑到夢想上，反覆想像，當種子結出夢想果實的那一刻。請記住，保羅・科爾賀說過：「實現夢想的可能性，使生活變得有趣。」

02

想像力可以實現夢想

二〇〇八年十一月，美國總統歐巴馬連任成功時，談到了關於想像力的故事。在總統大選如火如荼之際，我在美國芝加哥擔任某所大學的客座教授，跟家人一起住在郊區。起先，因為是其他國家的總統選舉，身為他鄉訪客的我不怎麼注意，直到歐巴馬的芝加哥選舉造勢活動後，我才注意到歐巴馬，並從地方媒體連日刊登的選舉新聞中，逐漸認識了他。

除了一些老生常談——歐巴馬具備哈佛法學院的高學歷與過人智慧，是他走向成功的起點；歐巴馬能當上美國總統，全靠非裔美國人大力支持等等。當然，這些話都沒錯。但問題是從哈佛畢業、比別人聰明，不等於就能「當上美國總統」。還有，當時非裔黑人約佔美國人口的十四％，非裔黑人的歷屆選舉率均低於白人，而二〇〇八年美國總統大選的投票率是六四％，這麼說起來，很難斷言黑人的支持是歐巴馬得掌大權的關鍵因素。

幾年後，我才明白歐巴馬能當選美國總統的箇中緣由，當時，歐巴馬陣營改寫了傳統的競選資金規則，用全新的方式確保選舉資金來源。那時候，歐巴馬和另外兩位，民主黨總統候選人希拉蕊．柯林頓（Hillary Clinton，也是前美國總統比爾．柯林頓的夫人）、共和黨候選人約翰．馬侃（John McCain）參議員，共同角逐美國總統大選。當時，歐巴馬是四十多歲的新銳政治家，約翰．馬侃則是七十歲高齡老將。作為政壇老江湖的約翰．馬侃，早已坐擁實力雄厚的支持群眾。

任誰看來，馬侃都擁有歐巴馬難以匹敵的強大優勢，歐巴馬必須另闢蹊徑，以確保有充裕的選舉資金應戰。在過去，美國總統候選人的資金來源多為大企業或慈善家。歐巴馬體認到大企業政治獻金募資有其限制，轉而選擇打開每一個國民的荷包，向草根階層支持者發起小額募款。歐巴馬這一招意義雖小，卻能確保充裕的競選資金。

隨著時間過去，歐巴馬的想法變得更加具體，他善用網路與選民溝通。時值社群網站臉書創建之初，歐巴馬立即邀請臉書共同創辦人——二十四歲的克里斯．曉士（Chris Hughes）擔任競選參謀。克里斯．曉士年輕有能，他很清楚要怎麼利用臉書替歐巴馬打贏選戰。

克里斯把歐巴馬的全家福照上傳到臉書，擴大歐巴馬與美國國民的交流網，不出克里斯所料，歐巴馬的臉書一傳十、十傳百，龐大如螞蟻窩的交流網，成功吸納了資金，結果歐巴馬總共募集到兩百六十五億美元，其中除了企業與慈善家的資助外，選民的資助比例高達四八%，近一百二十七億美元。這筆金額是選民小額募資（兩百美元以下）的累計結果，這碩大的成果，部分歸功於歐巴馬的臉書交流策略。

至於歐巴馬的對手，共和黨候選人馬侃又是如何呢？馬侃的選舉總資金為八十八億美元，其中來自選民的小額募資佔總資金額不到二〇%。歐巴馬的募款總額超過對手三倍以上，但重要的是，歐巴馬獲得了不特定多數國民個人「微小卻巨大的支持」。某篇介紹歐巴馬募集政治基金結果的報導中，以「No small change」的雙關語為題。在英文單字中，「change」有著「變化」與「零錢」之意，所以「No small change」包含了兩種意思，一是「這不是個小變化」，二是「這不是份小錢」。

正如所言，這不是個小變化，而是一個巨大的浪潮；這不是份小錢，而是份龐大的選舉資金。顯而易見，想像力發揮了巨大的力量。歐巴馬發揮了約翰．馬侃沒能發揮的想像力。也許有人會發問：歐巴馬不過是制定了選舉策略，怎麼說是想像力呢？要知道，選舉就是宣傳戰，而宣傳就是用想像力描述一個有願景的故事。

之後，歐巴馬結束了八年連任任期，卸任時獲得了高達五七％的國民支持率。在那之後，美國人對他的熱愛仍然令人吃驚，包括他在任的八年在內，從二〇〇八年到二〇一八年，連續十一年被選為美國人最尊敬的人物第一名。要是歐巴馬沒有想像力，沒有使用新的方式籌到選舉經費，而是因循守舊地向企業家與慈善家募款，事情會怎樣呢？要是他沒請二十四歲的克里斯·曉士當選舉參謀，並考慮利用臉書又會怎樣呢？要是他沒想到向國民募資小而巨大的支持，選舉結果會變得怎樣呢？想當然爾，他就無法登上美國總統的寶座。

夢想始於想像，而不是以過去數據為基礎去思考的字詞。希望大家都能想像夢想，再藉由夢想，發起超越現實侷限的挑戰。就像前面介紹的加斯東·巴舍拉所言，「世上最值得相信的不是科學數據，自己設定的『想像目標』才是一切。」現在，請你閉上眼睛，想像內心的迫切期望，僅是如此，你已啟動了夢想成真的可能。

03 不用跟別人抱持相同的夢想

國際民調機構蓋洛普公司（Gallup）曾進行各國幸福感調查。在全球五十七國中，韓國排名第三十四，落後於經濟困頓的泰國、哥倫比亞與墨西哥。結果顯示，約一半國民認為人生「不幸福」。為什麼會這樣？社會心理學家從韓國社會的從眾現象與比較文化中尋找原因。

在學生時代，我們拿自己和功課好的同學比較；在青年時期，朋友和帥哥美女交往時，我們又拿自己和朋友比較；長大成人後，我們繼續和年薪高的人比較、拿孩子和朋友的孩子比較。我們習慣越過肩膀看著別人，羨慕別人擁有的、做的事，甚至羨慕別人的旅行地點，最終，渴望模仿別人的生活方式。請大家想一想自己是不是也過著這種人生。比較心態是人類的天性嗎？日常比較變成了一種自然現象，就像每個人都會有情緒一樣，這樣真的沒關係嗎？

美國心理學家暨壓力研究專家理查．拉薩魯主張，人類的危險情緒之一就是「羨慕」。在人類眾多情緒中，羨慕的危險度僅次於「憤怒」，是從比較出發，對別人擁有我所沒有的東西而感到不滿的情緒。倘若我們不斷地羨慕他人，會演變成一種既定的模式，自卑感會在無意識間擴大，最終導致自我否定。哲學將「否定」解釋為「拋棄」，羨慕會導致我們拋棄自己。

難道我們沒有辦法擺脫羨慕的情緒枷鎖嗎？如何控制這種差勁的情緒呢？我們應該反問自己，和別人作比較，對我有什麼益處呢？別人肯定也自認不完美。從現在起，讓我們盡量把視線放回自己身上，不要張望周遭，最重要的是，懂得用不同於他人的方式去看待與判斷世界。

我們生存的這個世界，每件事都不會只有一個正確答案，隨著看事情的角度和心態不同，得到的答案就不同。社會學以「後現代主義」（Postmodernism）闡釋此一現象，指的是所有的社會文化現象都存在著多樣性，人們應尊重其價值。一九六〇年，後現代主義運動以美國與法國為中心擴散，至今仍影響著全球政治、經濟、社會、文化與藝術。一言以蔽之，後現代主義就是「認可多樣性」與「尊重獨特性」。倘若我們希望能擴展自己的思想幅度，我們就需要一定程度的學習。

現代社會遠比想像中複雜、微妙。儘管物聯網產品的普及，開啟了智慧家庭時代，但亞馬遜和新幾內亞裡的原始部落仍過著原始生活。二〇一九年二月，太空旅遊公司維珍銀河

（Virgin Galactic）成功地將普通人送上太空，而與此同時，仍有眾多非洲兒童一天吃不到一頓飯。我們活在連癌症末期患者都能治癒的時代，在地球的另一邊卻還有見不到醫生一面就死去的生命。所以，我們絕對無法以同一標準衡量這個時代。人生的面貌萬千，別人的人生不能成為我的人生，別人的生活方式和目標絕對不同於我的生活方式與目標。與眾不同的我、與眾不同的想法、與眾不同的生活方式和與眾不同的生活目標，不該被視為錯的，也有被尊重的價值。

我再出一題吧。下面左右兩張圖，大家覺得何者大？

根據不同的角度，每個人會給出不同的解釋。語言、歷史和哲學等人文學科的學生因為字義，大多說左邊大。反之，機械、建築、美術和設計等學生大多說右邊大，因為視覺上看起來更大。這是因為掌管著不同功能的左腦與右腦所導致的不同結果。人類左腦掌管邏輯思維與語言學習，左腦人很擅長語言和邏輯，相對地，右腦掌管形狀、空間、圖像等，負責視覺在內的人類感性思維。在左腦和右腦的鬥爭

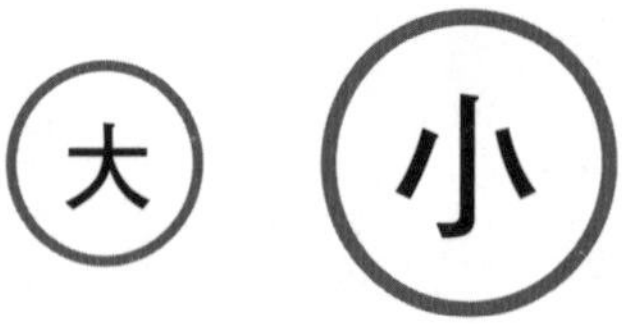

中，沒有所謂的贏家，答案沒有對錯，你不用在意別人認為左邊大還是右邊大，但你必須替自己的想法與判斷賦予價值。

夢想也是同樣的道理。就像人生沒有統一標準一樣，夢想不分大小，也不分好壞，夢想的形狀與大小本來就會不一樣，重要的是，「**我有夢想**」。你的夢想不需要被外力支配，家人或朋友的故事，或許可以成為你設定夢想過程中的指引，但僅止於參考，無論大小或色彩，夢想都應該只屬於自己。你要先選擇且尊重自己的夢想，才能踏出幸福的第一步。

吉姆．史都瓦（Jim Stovall）《改變一生的超級禮物》（*The Ultimate Gift*）提到：「有個人每天都懷抱著夢想生活，如果實現了，又會懷抱另一個夢想生活。有很多人透過他學會了如何作夢，如何想像一個更美好的世界——那個人就是華特．迪士尼（Walt Disney），但切記，你的夢想必須只能是你的夢想，別人的夢想不能成為你的，而且夢想不能放任不理，要持續地培養。」

奔波一生，追求和別人一樣的人生是世上最愚昧的事，如果你追求這個，就只能沒完沒了地比較，羨慕別人羨慕到自己壓力爆棚，只有儘早擺脫因比較與羨慕而燃燒的情緒枷鎖，你才能找到與眾不同、只屬於你的想法，並將之與夢想相連，從而創造出正確的人生面貌。

04 就算沒天分，也可以成功

有很多因為沒才能而放棄夢想的人，也有人斷言人生成就取決於天賦，真的是如此嗎？締造成就的人，與碌碌一生的人之間的差異從何而來？美國賓州大學教授安琪拉・達克沃斯（Angela Duckworth）致力從心理學中找出答案。她通過數千件事例與二十年來的長期研究，發現一個重要的事實：無論任何領域，相較於普通人，在自身專業領域中取得重大成就的人，恆毅力（GRIT）分數更高。

什麼是「恆毅力」？安琪拉教授表示恆毅力由兩個部分構成，一是熱情，二是毅力。熱情指的是長久專注在同一目標的力量；毅力指的是不死心，克服挫折，朝著目標重新站起的力量。安琪拉教授揭示「熱情的毅力」是影響人生成就的要因。另外，她也強調，「在個人的人生成就中，恆毅力（熱情的毅力）比天賦才能更重要。」恆毅力和人生成就是如何連結的呢？

「熱情」是預先設定自己要達到的長遠夢想，集中精力，朝那個地方不斷地前進，而毅力就是在中途遇見意想不到的障礙物時，卻不氣餒，有朝著目標重新站起的力量。

要正確理解熱情與毅力，需留意一些事。第一、如果你希望有效運用熱情，無論目標大小，都應該聚焦在一個地方，假如目標分散成好幾個，那麼你絕對無法實現夢想。夢想成功的關鍵，在於你能專注在同一個目標上多久，只有把所有力量傾注在同一個地方，才能取得人生的巨大成就。小心別犯下把力量分散的錯誤。

第二、你要懷抱朝目標前進的熱情，在過程中，不需要在意速度（熱情強度）。根據個人的條件，接近目標的速度多少會不同，再說了，跑太快也容易累。還有，不要和別人比速度，避免失去自己的步調，走得再慢，也別和別人相比，完成目標才是首要任務。

大家都聽過「龜兔賽跑」的故事吧。烏龜勝利的理由只有一個，那就是兔子驕傲的以為慢吞吞的烏龜追不上牠，相反地，烏龜不在意兔子的快，也不在意自己的慢，持續朝著終點慢慢前進。人生成就也是如此，多快到達目標（熱情強度）不重要，與別人比較速度毫無意義。多慢都無所謂，能持續多久（熱情的持續性）才重要。即使時間流逝，也堅持實現目標；走得再慢也不半途而廢；朝目標一步步前進，這些更為重要。

提出「恆毅力」重要性的安琪拉教授是華裔出身，父親在她小時候就帶著一家人移民美國。她從小承受著「天賦迷思」的壓力，每次電視節目上介紹成功人士的故事，她的父親就會發牢騷道：「看吧，想成功就得有與眾不同的天分才行，可是我們家的小孩好像沒什麼天分。」受到父親的影響，安琪拉教授懷抱著「天賦迷思」的自卑感生活，也因此她在大學主修心理學時，特別關注天分與成就的相關性。她將許多研究主題置於腦後，全心專注研究什麼是人生中的成就動力。在研究了數千起事例後，她發現父親灌輸的「一個人有沒有成就，全看有沒有天分」是謬誤，實際上，「恆毅力」才是最重要的。她用以下簡單公式表達自己的研究成果：

成就＝天分×恆毅力^2

我們通過公式可看出，個人的「成就」受到「天分」與「恆毅力」的影響，而恆毅力對成就分數的影響等於其平方值，遠大於天分。同時，恆毅力越大，成就分數就越大。當天分是3，恆毅力是3，成就值是27（$3\times3^2=27$），當天分同樣是3，恆毅力卻是4時，成就分數會變成48（$3\times4^2=48$）。這裡不是在算數學，而是希望大家能明白，相較天分在成就過程中所佔據的比重，恆毅力的權重值更大，以及恆毅力分數的大小會與成就大小成正比。安琪拉教授這一發現被認為是成功心理學領域的偉大成就，並榮獲麥克阿瑟基金會頒發的麥克阿瑟天才獎。二〇一六年，她將過往研究結果撰寫成《恆毅力》（*Grit*）一書。在她把初稿交給出版社前，她坐在醫院病床邊，把書的內容一字不漏地讀給以呼吸器維持生命的父親聽，聽完全書內容的父親靜靜地流淚，說道：「是我錯了！我女兒說的才對！」

這是讓人為之心酸的真實故事。我們就像安琪拉教授的父親一樣，無意識羨慕著他人的天賦才能，可是仔細深思後發現，天分的內容與大小不是我們能決定的，而是取決於父母遺傳，以及我們還是腹中胎兒時，受到多少刺激質量而定，所以，我會建議各位索性明智地承認天分是神藉父母之手贈送的禮物。不要自憐自艾，別人都收到禮物，我怎麼沒收到。比起天分，我們更應該專注運用自己的資產——「恆毅力」去實現夢想。

幸運的是，恆毅力值不是固定值，而是變動值。安琪拉教授點出恆毅力值會因一個人的觀點與心態而有所提高，計較自己是不是比別人沒天分，是相當愚昧的事。現在我們要做的是，觀察自己有什麼樣的夢想，為了接近那個夢想，今天的我比起過去的我準備了多少「恆毅力」。成為受人景仰的成功人士，雖然是令人羨慕的事，但人生不是靠羨慕活著的舞臺，我們活著的原因更不是成功，親手打造自己想要的人生軌道的切實感受更重要，這才是「成就」的真正概念。我們的人生是朝著成就奔跑的旅程，夢想一定要成為成就的根本。請大家不要放棄，和恆毅力一起朝人生中的實質性目標「夢想」前進，累的時候休息片刻就行了，千萬別輕易放棄。

我想，大家應該會好奇自己的恆毅力分數是多少，所以我要介紹安琪拉教授製作的兩張量表。第一張「恆毅力量表」（見表4-1）中有十個項目，請在各個項目上勾出自己的分數，然後計算出恆毅力總分吧。奇數項目的分數加總後除以五，就可以得出「熱情」的分數；偶數項目的分數加總後除以五，就可以得出「毅力」的分數。接著把熱情分數和毅力分數加總後除以二，就可以得出你的「恆毅力」分數。最高是五分（高恆毅力），最低是一分（低恆毅力）。如果想知道自己的恆毅力分數在什麼水準，請參考第二張安琪拉教授以美國成人為研究對象調查出的結果「恆毅力分數百分位數」（見表4-2）。舉例來說，如果你的恆毅力分數是四．二，代表高於百分之七十，低於百分之八十的美國成人。

關於恆毅力，安琪拉教授提出另一個有趣事實——大多數人的毅力分數往往高於熱情分數。雖然一般認為，毅力比熱情更難擁有，結果卻恰恰相反。實際上，要長久時間專注（熱

表4-1　恆毅力量表

項目	一點都不像我	不太像我	有點像我	很像我	非常像我
1. 出現新的概念和專案時，有時會讓我從之前的想法和專案中分心	5	4	3	2	1
2. 我不會因為挫折就氣餒，我不輕易放棄	1	2	3	4	5
3. 我常常設定目標之後，又改追求不同的目標	5	4	3	2	1
4. 我很努力工作	1	2	3	4	5
5. 我很難專注於需要花費好幾個月才能完成的專案	5	4	3	2	1
6. 任何事情只要開始動手，我一定要完成才肯罷休	1	2	3	4	5
7. 每年我的興趣都會改變	5	4	3	2	1
8. 我很勤奮，從不放棄	1	2	3	4	5
9. 我曾在很短的一段時間對某個點子或專案很入迷，但後來就失去興趣了	5	4	3	2	1
10. 為了克服重要的挑戰，我不害怕挫折的打擊	1	2	3	4	5

情）在人生成就相關的目標上，比克服挫折、重新站起（毅力）更為困難。這也側面證明了，**比起毅力，我們在人生中應該更留意熱情**。總結安琪拉教授的研究結論，「在人生成就中，自己培養的恆毅力比天賦才能更重要。個人夢想的實現是自身累積多年的熱情與毅力的成果。」

表4-2　恆毅力分數百分位數（以美國成人為基準）

百分位數	恆毅力分數	百分位數	恆毅力分數
10%	2.5	70%	4.1
20%	3.0	80%	4.3
30%	3.3	90%	4.5
40%	3.5	95%	4.7
50%	3.8	99%	4.9
60%	3.9		

05 像鷹一般鳥瞰你的人生

哈佛大學博士愛德華・班菲爾德（Edward Banfield）在一九五〇年代末到六〇年代初期，進行過類似安琪拉教授的恆毅力研究。他的研究揭露了人生態度對個人社會與經濟成就方面的貢獻。

班菲爾德博士認為，「時間觀」（Time perspective）是影響個人人生的核心要素之一。在社會經濟領域獲得巨大成就者的時間觀，通常有別於常人。其中，「perspective」通常翻成「觀點」或「透視」，因此「Time perspective」可以譯為「時間觀」或「時間透視」。因此該詞詞義中包括了「放眼時間」，放眼就是高瞻遠矚，好比爬到大樓樓頂看著遠方的意思。不過，我個人認為，翱翔天際的老鷹俯瞰的視野，比站在樓頂上的人看得更遠，比起「放眼」，我更偏好「鳥瞰」。所以，下面我會用「時間鳥瞰」取代「時間觀」。

無論東西方社會中，具有特殊成就的人，在決策過程中都會採用「時間鳥瞰」的概念。比方說，他們在決定某件事時，不會站在短期觀點，而是盡可能站在距離現在最遠的時間點上考慮，不會只看著一年、兩年或三年後推進工作，而會展望十年、十五年，甚至二十到三十年後去制定計畫。班菲爾德博士的研究採訪對象中，也包括通過金融資產或房地產資產管理創造財富的人。他們都願意為未來的巨大回報，作出短期犧牲。若說普通人的思維方式是「現在↓近未來」，取得出色成就的人則是「遠未來↓現在」。普通人會朝著近處的「小目標」奔跑，成功人士則優先設定十年以上的遠方「大目標」，回推他當下該採取什麼樣的心態，以達成自己的預設目標。同時，班菲爾德博士的研究還揭露了如果這類人在過程中出現了短期的犧牲，他們會認為那是保障未來的必要保險，甘願承受。

自「時間鳥瞰」的概念誕生以來，此一概念以教育學及心理學為中心，擴大到各個領域。心理學中，時間觀療法（Time Perspective Therapy，TPT）即為使用「時間鳥瞰」的代表性例子。「時間觀療法」主要目的是替來談者解決心理問題，倘若來談者所經歷的痛苦，來自「過去、現在、未來」的**過去**負面記憶，那麼，心理諮商師會引導來談者，把思考重心移往**未來**的正面事情上。簡單來說，就是投入了名為「未來」的變數，幫助來談者與負面的過去對峙。由此可知，我們也可將「時間鳥瞰」應用到對人生的態度，以及設定人生目標上，避免以近未來思考目標，應放眼整體人生而奔跑。舉例來說，不要想著「明年畢業，我會到A公司上班」，而要想「二十年後我要成為自己的老闆！」先設定二十年後要達成的遠大目標，並把「明年一定要進入A公司」的短期目標，視為有效到達遠大目標的實際方案，這才是正確的做法。也就是說，我們應該先畫出二十到三十年後的宏遠藍圖，再確定與其相應的未來小目標。

我試著整合「時間鳥瞰」，與安琪拉教授所說的「恆毅力」兩個概念。安琪拉教授強調無論任何領域，在自己專業領域獲得成功的人，會擁有比普通人更高的「恆毅力分數」，她也認為改變觀點和態度有助提高恆毅力分數。然而，形成恆毅力分數的兩種因素——「持久熱情」與「堅持毅力」不會自動產生，要想培養恆毅力，我們就要知道如何善用時間鳥瞰的觀念，通過時間鳥瞰延長自己的人生。最後，只有放眼遠方，才能有效地彰顯熱情的毅力——恆毅力。請大家不要眷戀近在咫尺的未來，要像老鷹一樣鳥瞰，專注在目標上，這就是創造人生成就的關鍵訣竅。

接著，我會分階段說明用資訊設計技巧製作「夢想地圖」的方法，並揭示夢想地圖和下級主要目標有機連結的「組織化」，以及用眼睛確認其成果的「視覺化」。最後，我會附上國高中生、研究生、上班族與中年人士的夢想地圖，提供給不同年齡層讀者參考。希望大家都能按照範例，製作出自己的夢想地圖。

PART

2

設計專屬「夢想地圖」

第五章

什麼是夢想地圖？

描繪夢想地圖，是我們成為人生主人的第一步，也是不被他人左右，主導人生的出發點。一旦描繪出夢想地圖，被囿於固定觀念的夢想，就會走向眼前，成為現實。

01 從資訊設計到夢想地圖

大家可能覺得「夢想地圖」一詞很陌生，但它並不艱澀，我在前面稍微介紹過，接著我會幫助大家更仔細了解什麼是夢想地圖，以及它的誕生背景。

顧名思義，「夢想地圖」就是呈現我們尋找夢想過程的視覺性產物，其存在的關鍵在於幫助我們掌握從「現在」出發，到達人生實質性目標「未來夢想」的主要路徑。儘管叫地圖，但因為夢想之路並不存在地形或物體，所以它與一般包含了道路、建築物與山川等地圖不一樣，取而代之的是，我們走在夢想之路上會途經的「主要目標」。而為何需要主要目標呢？

先前說過，夢想地圖有如把「現在」與「未來」連為一體的骨牌，為了讓「現在」這塊骨牌能見到「未來」的最後一塊骨牌，我們必須在中間添加不同階段的骨牌。這些被擺在中間的骨牌是「下級目標」，用來支持從現在出發的我們，可以見到未來。總結來說，夢想地圖的概念是：我們要「將最終夢想與各中間階段的主要目標有效相連，並按自己的規劃，依序整理出每個主要目標的達成時間點。」像這樣，當我們有條理地排列出「最終目標、下級主要目標、達成時間點」，加以系統化後，我們就完成了一份能一覽人生遠大旅程的「夢想地圖」。

夢想因人而異，因此，中間階段的主要目標也不同，即使擁有相似的夢想，每個人到達夢想的過程和預想實現的時間點，還是會存在差異，因此，沒有一張地圖是能人人通用的，自己的夢想地圖一定得自己繪製才行。

我之所以能設計出「夢想地圖」，是出於我的資訊設計相關背景。過去十七年間，我在大學教授學生資訊設計。如果問我什麼是資訊設計，我的回答是：「資訊設計就是將複雜又困難的抽象概念改頭換面，變成普通人也能容易理解，並長久記住的視覺化資訊。」

我還想再多解釋一些資訊設計的基本概念。首先，資訊設計需要能轉換成資訊的素材，大致分成兩類：一是通過觀察或實驗所獲得的推測性量化資料，二是通過問卷調查或實際採訪所獲得的實際資料。獲得資料的方式形形色色，例如：有人從電腦中取得天體望遠鏡觀測到的星體動向資料；有人測量小黃瓜浸泡在鹽水前後的重量，通過前後重量的差異，從而觀察出小黃瓜泡在鹽水後的滲透壓現象；有人通過問卷調查，解釋近期社群網站崛起衍生出的社會現象……等。通常我們藉由觀察、實驗或問卷調查獲得的資料，會以數字或代碼形式呈現，往往只有該領域的專家，才能完美解讀那些資料背後的真正意義。

但是，普通人不是專家，如果只看數字或代碼形式表現的質化資料或量化資料，很難正確掌握其意義，所以需要有人把資料轉換成能輕易理解的視覺化型態，而「資訊設計」就是為了解決這個問題而誕生的專業學科。資訊設計會分析以數字或代碼形式呈現的資料集合體，再將其組織化、視覺化，讓該資訊集合體背後隱藏的意義可視化，如此一來，普通人也能輕鬆理解內容。視覺化的方式包含了表格、圖片、圖表、地圖、資訊牆、插畫、動畫、影片等等。資訊設計除了常被應用於心理學、腦科學、經營學、教育學和統計學外，近來把科技大數據即時可視化的高難度任務中，資訊設計也佔有一席之地。然而，無論資訊設計與什麼領域結合，它的本質都不會改變——可視化資訊集合體，讓普通人也能輕易理解其背後資訊，並長久記憶。此外，資訊設計另一個核心是，如何將人們心中的抽象化概念顯露於外。總結來說，資訊設計是將不具固定型態和性質，肉眼難以確認的對象客體化與獨立化，從而協助人們認知。

讓我進一步說明。我在第四章提過霍倫斯坦斯塔德爾洞穴的「獅子人」雕像。它說明了在人類所擁有的能力中，「在心中描繪對象」的力量——想像力是多麼偉大的資產。不過，人們以想像力為基礎描繪的對象，往往具有強烈的抽象性，要展現出來並運用到現實時，會遇到困難。「抽象性」指的是該對象不具固定型態、不易感知，缺乏具體性，手摸不到、感覺模糊，難以實際運用。所幸，資訊設計能有效地解決這種情況，舉例來說，資訊設計能通過圖表，將各抽象對象之間的關係、順序與結構表現於外，將模糊的想法與概念具體視覺化。

基於資訊設計這種特性，能幫助我們將珍貴的「夢想」——抽象、手摸不到的對象反映於外，並長伴我們左右。簡言之，**夢想是可以靠資訊設計技巧被視覺化的對象之一**。然而，過去沒人想過夢想可以轉換成資訊型態，我第一次產生「夢想是可以被視覺化呈現的對象」的想法，已是十五年前。在這段期間，我找出了利用資訊設計繪製夢想的方法，並從二〇一三年開始，接受大學與公共機關的邀請，舉行過無數講座與研討會。我親眼看見許多講座與研討會的參與者，通過夢想地圖獲得人生的改變，使我對自己找到的方法更有自信了。

描繪夢想地圖，是我們成為人生主人的第一步，也是不被他人左右，主導人生的出發點。有了夢想地圖，就能親眼確認自己的夢想，還能存在手機上隨身攜帶。事實上，隨身攜帶的價值不只是「方便」。每當你碰到人生困境，不知道該怎麼辨的時刻，看一下手機裡存的夢想地圖，你就能找到正確的方向。換言之，夢想地圖可以成為我們日常中解決難題的工具。

02 簡化的力量

在繪製夢想地圖之前，我們應盡可能地簡化它，因為太複雜只會妨礙記憶。首先，繪製夢想地圖時，我們要先了解兩種必備概念：「比例尺」與「遠近法」。眾所皆知，我們要畫一張地圖時，會用比例尺，將地表實際距離以幾萬分之一的比例縮小，呈現在地圖；而「遠近法」則用來呈現距離感與空間感，多用於風景畫與照片上。

再進一步了解比例尺與遠近法吧。比例尺能將地表實際距離與地圖上的距離寫成比例關係，因此，人們想把巨大的空間表現在相對小的二維平面地圖上時，會使用比例尺。舉例來說，實際距離五十公尺在比例尺為五千分之一的地圖上會被繪製成一公分。如果繪製地圖的人不使用比例尺，會變得怎樣呢？他將無法描繪出實際地表與物體之間的距離，也無法決定應繪製對象的範圍，不知道什麼該畫在地圖上，什麼不該畫在地圖上。另外，地圖紙沒辦法像實際土地面積那麼大，因此，繪製地圖的人會根據比例尺大小，畫出重要性較高的對象，像是比例尺為五百分之一的地圖上，可以畫出小巷，但換到比例尺為五萬分之一的地圖上，就只能畫出大馬路了。

夢想地圖的繪製方式也和普通地圖一樣，為了在A3或其他尺寸的紙張上，呈現五十到六十年的人生計畫，我們會使用「時間間距比例尺」。另外，我們也得選擇性地繪製重要性高的目標。舉例來說，假如我們把六十年的人生以一年為單位去劃分，這張夢想地圖就包括了六十個主要目標，然而，一張A3紙很難容下這麼多目標，即使放得進去，它也不會是一張好記又簡潔的夢想地圖。因此，我們最好以「二十年、十年與五年」的大單位，切分六十年的人生旅程。

除了比例尺，「遠近法」則是另一個讓夢想地圖更具體的概念。人們通常在畫風景照或拍照時會套用遠近法，用近景、中景與遠景的方式呈現物體的位置及其周遭物體的遠近關係。而遠近法另一個重要的作用，是能透過消失點[15]創造出一連串的視覺流動感，將遠景與近景相

[15] 指在照片或透視圖中，兩條平行的線條會匯流成一個遠方的點，即為消失點（vanishing point）。

連，製造出物體近在眼前的感覺。當我們把遠近法套用於夢想地圖時，我們按近景、中景與遠景的概念，依序排列出位於遠景，肉眼看不到的「最終夢想」，和位於中景與近景的「目標」，並將其結合，就像運用消失點一樣，創造出夢想近在眼前的視覺流動感。

利用遠近法繪製夢想地圖的另一項優點，是我們能輕鬆地排除重要性低的對象。攝影師拍照時，鏡頭會拍下各式各樣的物體，但他們並不想讓觀眾看見鏡頭內所有的物體，他們會採用遠近法，把鏡頭中不想呈現的被攝物品隱匿起來，以「簡化」鏡頭下的世界。

以趙大延的攝影作品《全南山林資源研究院路》為例。我們在照片的兩邊可以看見水杉，而左側的水杉後可能堆放著建築用材。攝影師故意調整相機角度，透過前後排列的樹木，有意識地隱藏了他不想拍到的建築用材。以此類推，我們在繪製夢想地圖時，也會採取遠近法，在決定最終夢想與下級主要目標時，我們只需要繪製出有助實現夢想的主要目標，排除多餘的目標，以簡化夢想地圖。

《全南山林資源研究院路》（*전남산림자원연구원길*），趙大延，2020 年攝。

03 夢想如何具體化？

大家都理解了比例尺與遠近法後，接著要了解的是具體化夢想地圖的方法，也就是把夢想地圖應該包含的資訊，循序漸進的「系統化」與「視覺化」。這在資訊設計裡，被稱為「資訊組織化」與「資訊視覺化」。其實並不難理解，簡單來說，組織化就是賦予資訊先後秩序，而視覺化就是用圖表有條理地呈現資訊層級。更具體地說，大家可以理解為「以有機關係表現出最終夢想，與每個階段中要實現的主要目標的等級秩序」。在夢想地圖中，我們要篩選主要目標，排出它們的先後順序與階段，以幫助我們接近夢想，這就是「組織化」。而用圖表呈現組織化後的結果，還有每個時間段的主要目標與最終夢想相連的模樣，就是「視覺化」。

接下來，我會幫助大家更具體地了解組織化與視覺化，為了避免大家覺得專業用語太陌生，我要替換成容易理解的概念。首先，請大家把組織化想成「分類」與「排列」的綜合性概念，將視覺化想成「表現關係」。

第一個要了解的概念是「分類」。分類指的是從構成某對象的要素中，遴選出什麼重要、什麼不重要，並過濾掉不重要的。在戰場上，敵方陣營有數千名士兵，與坐鎮麾中的一名將領。將領身負重責大任，負責下達命令，而下級士兵只需要跟隨將令，不需要理解戰略或戰術，所以殺掉一名將領比殺掉幾十名士兵更有用。在這個例子裡，我們可以看出，將領的重要性高於士兵，反映到夢想地圖上，將領就是主要目標，士兵就是多餘的內容。我們必須分類出有助實現夢想的主要目標，並過濾掉重要性低的內容。

第二個要了解的概念是「排列」。排列指的是把通過「分類」掌握的主要目標，排出先後順序。敵方陣營有七名軍階高低不同的將領，有軍階低的士官，也有軍階最高的上將，得整理這七人的軍階與地位高低，才能判斷要先活捉誰，對我方最有利。夢想地圖的原理相同。當我們通過分類選出了夢想地圖所需的七個主要目標，然後就按優先順序排列這七個目標（例：A－B－C－D－E－F－G），這樣一來，就很清楚要完成的第一個目標是什麼、第二個目標是什麼，後面依序要完成什麼。排列不是隨便亂排的，有其規則。

第三個要了解的概念是「表現關係」。表現關係指的是用視覺形態描述「分類」與「排列」後所掌握的內容。掌握重要軍官名單及排出軍階高低後，我方得以畫出高階將領和低階將領的組織關係圖，視覺化呈現將領的名字、臉部特徵，還有展開行動的時間點。這樣的視覺化，是為了讓我方將領能用圖像牢記他們的資訊，要是我方對敵方將領的理解互不相干、各自獨立，我方將很難贏得這場戰爭。同理可證，「表現關係」就是把夢想地圖中的最終夢想，與下級主要目標達成時間點相連結，以組織關係圖的形式呈現。**我們可以利用「魚骨圖」[16]繪製出從「現在到實現最終夢想」之間的時間軸，並在時間軸上視覺化呈現「近未來」應實現目標的時間點，和「遠未來」應實現目標的時間點**。舉例來說，假設你現在二十歲，你把最終實現夢想的時間定在六十歲，那麼你就得繪製一個二十到六十歲的時間軸，並決定達成七個主要目標的時間點。魚骨圖除了能有效完成此一過程之外，同時具有兩大優點，一是普通人也能輕鬆繪製，二是大腦的記憶系統能長久保存其結果。具體細節會在後面章節說明。

歸納以上，組織化可以理解為「分類」（重要 vs. 較不重要）與「排列」（整理重要目標的優先順序），而視覺化可以理解為「表現關係」（用組織關係圖表現連結目標優先順序與時間軸的結果）。如果理解了以上三個概念，那你們就都做好繪製「夢想地圖」的準備了。

不過，可能有人會質疑為什麼非得把夢想畫出來，在心底想不行嗎？我的解釋如下。

為什麼要視覺化？

為何「視覺化夢想」有助我們實現夢想的理由有四項：第一，人類的代表性感官接收器為眼、鼻、嘴與耳，其中，人類用眼睛接收百分之八十的資訊，是以把資訊視覺化對資訊接收者有好處。資訊視覺化能用圖形表達人的意識活動內容，包括情緒、感覺、想法和言語在內，接著以「精神經驗」的形態把相關資訊存入潛意識中，當我們遇到潛意識中儲存的經驗及與其相關的事件、事物或動機等外部刺激時，記憶就會進入再生狀態。比方說，當我們和朋友聊天、閱讀，或去一個陌生的地方旅行時，受到某種刺激，突然想起潛藏於潛意識中的夢想，讓夢想蠢蠢欲動，日後，就算我們不刻意記住夢想的內容，我們仍然可以在必要的時候靈活運用它。

⓰ 魚骨圖（Fishbone Diagram），又稱因果圖、因果分析圖等，是一種找出問題「根本原因」的圖表。通常在魚骨圖上，會將問題（魚頭）放在圖的右邊，潛在因素分為幾大類，再由各大類中去細分小分類，放在圖的左邊，例如：大類（魚頭）、中類（魚身）、小類（魚刺），清楚展現階層分支。

這也是為什麼，哲學家把潛意識稱為「超意識」（Superconscious）。我們之所以需要視覺化夢想，是因為這樣它才能以未來記憶的形式，存入我們的潛意識中。

第二個理由是，視覺化能簡化複雜的東西。人類的思考過程以狀況、順序、流向與結構的形態存在，當這些形態交錯在一起時，我們的思緒變得複雜，有時甚至會超過大腦的記憶量。在這種時候，如果我們使用圖表一類的視覺化語言，就能輕鬆解決這個問題。我在前面簡單介紹過夢想地圖中需表達的要素：現在時間點、夢想實現的時間點、兩者之間各個主要目標的順序、流向與構造。由於這些都是環環相扣的，我們很難靠大腦空想它們之間的關連性，但如果拿筆把它們視覺化，就能有效地表達出其關連性。

第三個理由是賦予動機。賦予動機，意指讓我們能付諸實踐、指示行動的方向，並激發持續該行動的挑戰意識。用以解釋賦予動機的「畢馬龍效應」（Pygmalion Effect）指出，當人們懷有正向期待或關注的時候，會使成果變好、效率上升。舉例來說，老師關心數學成績不好的學生，鼓勵他：「你的數學思考能力很好！」該學生的數學成績真的會因此好起來。我們把人生實質目標「夢想」視覺化的動作，也可以激發實現目標的慾望，產生「是啊，原來我是有計畫的！我有這麼明確的人生目標，哪有實現不了的道理」的想法，就如同學生受到稱讚。這也就是為什麼，我們要設定人生的實質目標「夢想」，並用視覺化圖像表達到達夢想的最終面貌，唯有如此，才能把夢想變成活著的有機體，並通過那個夢想引導實際行動。

最後，夢想視覺化對長久記住夢想有卓越的功效，腦科學家們發現人類的左腦掌管有意識的活動，一次串連處理少量資訊。相較於左腦，右腦掌管的是潛意識與無意識，綜合處理大量資訊，以及負責記憶圖像等非語言資訊，且記憶力是左腦的百萬倍以上。也就是說，如果我們用圖像型態儲存記憶，我們可以很輕鬆地想起許久以前發生的事。因此腦科學家往往主張，多使用掌管視覺圖像的右腦，有助減緩遺忘與提高記憶力。假如我們用圖像視覺化人生計畫這類的龐大資訊，就能促進右腦的使用率，把夢想長久地留在我們身邊。這正是我們應把夢想視覺化的第四個理由。

綜上所述，夢想視覺化可以實現以下目標：

一、把夢想存在潛意識中。
二、簡化對夢想的複雜思緒。
三、對夢想賦予動機。
四、把夢想長久地留在身邊。

04

夢想地圖上要放什麼？

我們要放入夢想地圖的資訊要素如下：

一、執行歷時
二、時間軸的起點與終點
三、最終夢想
四、中間途經點的排列方向
五、中間途經點的分配順序與體現方式
六、標記中間途經點名稱
七、導入願望清單

接下來，我會介紹這七種要素，並在第六章介紹夢想地圖的實際製作方法。現在讓我們從大框架角度來看來「組織化到視覺化」這七種資訊要素的方法。

一、執行歷時

執行歷時（running time）指的是夢想旅程所需要的「全部時間」，八點放映，預定十點結束的電影，其執行歷時就是兩小時。如果你現在二十三歲，而你設定實現最終夢想的時間為五十七歲，那你的夢想地圖執行歷時就是三十四年。你只要在紙上畫出適當長度的線段，表示現在與未來之間的執行歷時（三十四年）就行了。（見圖5-1）

二、時間軸起點與終點

我們必須決定夢想旅程的起點與終點。起點是你現在的年紀，而終點就是你預計實現夢想的年齡。請在時間軸的兩端寫上你現在與未來的年齡，現在的年齡寫在左邊，預期實現夢想的

年齡寫在右邊。（見圖5-2）

三、最終夢想

在時間軸右邊寫出「夢想的具體內容」，人生的實質目標就是「夢想」。（見圖5-3）

四、中間途經點的排列方向

「現在年齡」和「實現夢想年齡」之間，需要經歷很多中間目標，這些目標就叫「中間途經點」。首先，你要確定中間途經點的排列方向，用箭頭表示方向，箭頭的方向應該是從「未來年齡」到「現在年齡」，而不是從「現在」到「未來」。（見圖5-4）

【圖5-1】

【圖5-2】

【圖5-3】

【圖5-4】

五、中間途經點的分配順序與呈現方式

請你按照時間軸的箭頭方向，分配中間途經點，也就是說，要從「未來」開始安排，根據年齡不同，安排的方式也會不一樣。如果你是國、高中生或中年人，設定四到五個中間途經點最適合，而如果你是大學生或年輕人，則設定六到七個中間途經點最適合。

請注意，在你安排夢想地圖的中間途經點時，不要等距安排，而是要按照以下方式：中間途經點一位於「實現夢想的未來年齡與現在年齡」的中間，中間途經點二位於「中間途經點一與現在年齡」的中間，而中間途經點三位於「中間途經點二與現在年齡」的中間……以此類推，安排所有的中間途經點。（見圖5-5）

我會在第六章詳細說明這麼做的原因，在這裡，大家只需要確認大致框架就行了。

六、標記中間途經點名稱

請你標記出中間途經點一、二、三的具體內容。「中間途經點」是實現夢想的主要必需目

【圖5-5】

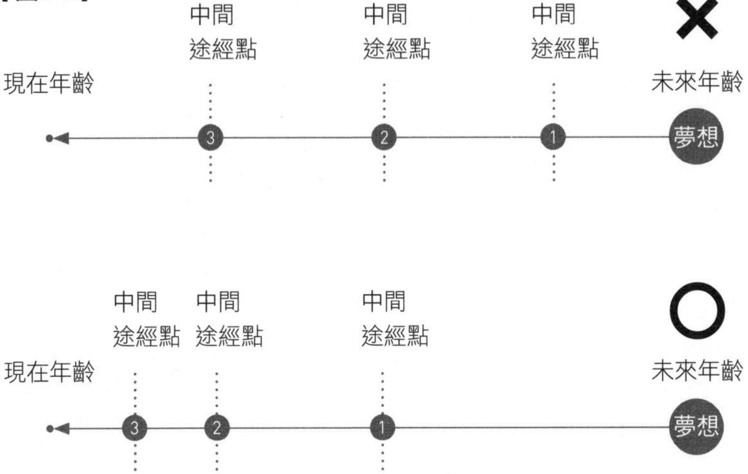
中間
途經點
中間
途經點
中間
途經點
現在年齡
未來年齡
3
2
1
夢想
中間
途經點
中間
途經點
中間
途經點
現在年齡
未來年齡
3
2
1
夢想

【圖5-6】

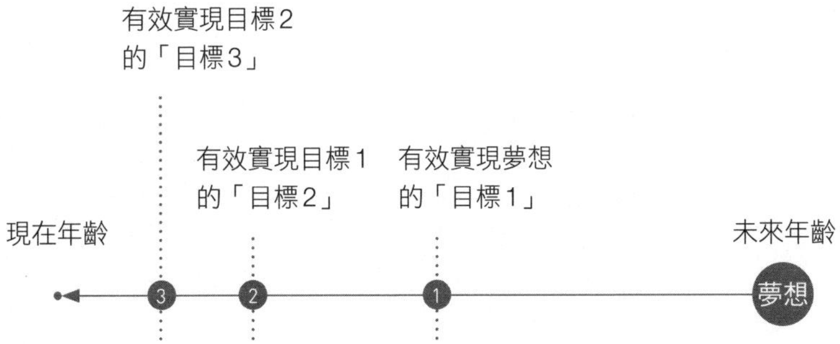
有效實現目標2
的「目標3」
有效實現目標1
的「目標2」
有效實現夢想
的「目標1」
現在年齡
未來年齡
3
2
1
夢想

標，只要自己看得懂就行了。在這個過程中，要小心的是，你不能盲目地寫下自己想要實現的目標。位於時間軸最右側的中間途經點一應是實現「夢想」的最有效目標「目標一」；中間途經點二應是實現「目標一」的最有效目標「目標二」；中間途經點三的目標應是實現「目標二」的最有效目標「目標三」。（見圖5-6）

七、導入願望清單

願望清單有兩種意義，一是激勵自己的「肯定補償」，一是給予他人的「利他禮物」。原因我會在第六章中解釋。首先，請你在中間途經點一和二之間分配願望清單，你可以考慮當你到達「中間途經點二」，也就是實現了「目標二」時，要給自己什麼獎勵。同樣地，你也可以考慮在到達「中間途經點三」，也就是實現「目標三」時，想在中間途經點二和三之間添加的願望清單。（見圖5-7）

【圖5-7】

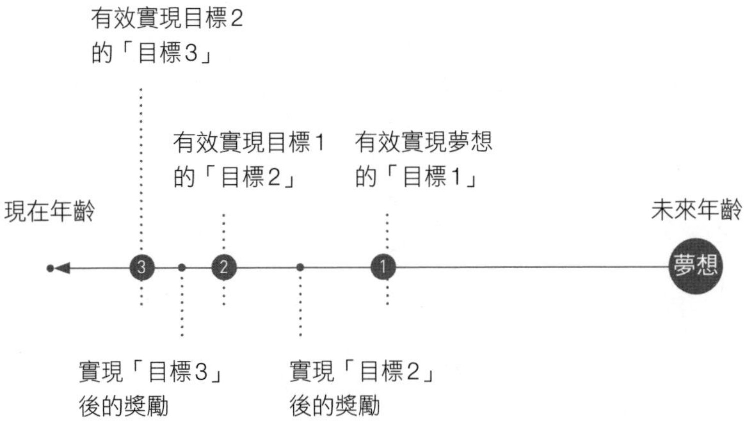
有效實現目標2
的「目標3」
有效實現目標1
的「目標2」
有效實現夢想
的「目標1」
現在年齡
未來年齡
3
2
1
夢想
實現「目標3」
後的獎勵
實現「目標2」
後的獎勵

05 繪製夢想地圖的方法

雖然擁有夢想的人很多，但堅信夢想會成真的人並不多，並且在相信夢想會成真的人中，夢想真正成真的人就更少了。為什麼會這樣呢？其根本原因是，大多數人把最終夢想時間點與現在時間點，拉得太遠。比方說，你現在二十三歲，預設在五十七歲時實現夢想，從現在看向三十四年後的夢想，會覺得非常模糊，而且三十四年期間全心朝著夢想前進，幾乎是不可能的事，要維持三十四年的恆毅力更是不容易。因此，夢想地圖能有效縮短夢想所在的終點和出發點之間的距離，我以下述例子幫助大家理解。

「目標梯度效應」（Goal Gradient Effect）是哥倫比亞大學商學院教授瑞恩．科維茨（Ran Kivetz）於二〇〇六年提出，用來描述工作與成就之間關係的心理學理論。目標漸近效應指出人越接近目標，動力越強，行動也越快。舉例來說，有兩家中餐廳「天安門」和「萬里長城」，這兩家店為了留住顧客，向附近居民發放集點卡，來店用餐的客人點麵料理時，店家就會發一點貼紙。客人集滿十點，就可以被免費招待糖醋肉。不過，兩家中餐廳的集點卡長得不一樣，「天安門中餐廳」的集點卡有十個空格，相反地，「萬里長城中餐廳」的集點卡有十二個空格，但有兩格已經貼上了貼紙。請問，天安門和萬里長城，哪一家吸引顧客的策略更出色？

答案是「萬里長城」。雖然同樣都必須集滿十點，才能得到免費的糖醋肉，但是，人們比起在十個目標梯度中，一點都沒給的天安門，更喜歡在十二個目標梯度中，先獲得了兩點的萬里長城。這就是「目標梯度效應」的典型案例。因為人們覺得已經先達成了兩個目標，距離最終目標的距離變短了，心底的動力被激發，會為了實現夢想而加速。

擁有夢想卻沒能實現夢想的人，很多時候只考慮最終結果，不考慮實現最終夢想前所要經歷的過程。要知道，人不可能一次就爬

到梯子頂端，而是要腳踏實地地一階階依序往上爬。如果不考慮過程，只想著結果，夢想無異於不可能實現的妄想。

既然如此，要怎麼實現最終夢想呢？我們必須先設定最終夢想與中間途經點（見圖5-8）。要是跳過中間過程，就像是從首爾開車，只知道目的地是「釜山」就出發，想著「路上自然會出現指引的路標吧」一樣，是愚昧的行為。

在連接首爾和釜山的高速公路上有數十條叉路，由於路標會標記的是附近的地名，所以不是所有路標都會標出往釜山的方向，只有抵達接近釜山的大邱時，才會看見前往釜山的路標。

你要如何準確又快速地到達釜山呢？在發動車子之前，得先從地圖確認首爾到釜山的路線，還有中間途經點。我們只需先規劃首爾到大邱的路線就行了。從首爾到大邱要沿著中部內陸高速公路，一直開到驪州。要到驪州，走嶺東高速公路最快。要走嶺東高速公路，得先從首爾開到新葛分歧點。簡單來說，我們得先知道「首爾→新葛分歧點→驪州→大邱→釜山」的路線，或反過來，「釜山→大邱→驪州→新葛分歧點→首爾」。

這正是我們用來思考中間主要途經點的方式。先想好再出發，如果省略思考的過程，直接上路，你無法確認自己的方向是否正確，遇到岔路時，也會不知道該走哪條路而不知所措，甚至有可能遇到意外事故。如果有人想，「有導航在，有什麼好擔心的。」但這種想法是錯的。因為在人生旅途中，沒有導航系統。

就像在「夢想」和「現在要做的事」之間設置階梯一樣，藉由不同階段的下級目標，你可以一目瞭然地看透現在與未來之間的路線。在設定距離現在最近的目標時（通常是半年後的目標），要設成自己能輕鬆實現的目標，如此一來就能像集萬里長城中餐廳的點數一樣，在短時間內輕鬆實現第一個目標，並且獲得自信。有了自信的你，距

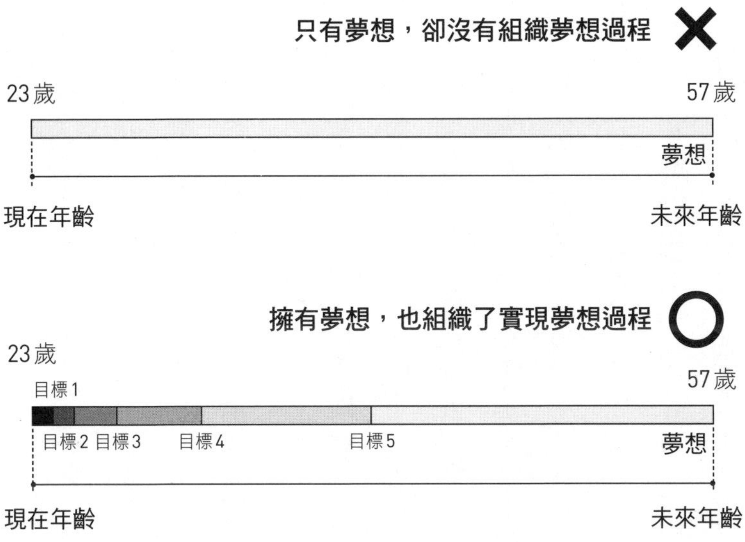

【圖5-8】

離實現第二個目標也就不遠了。這時，請你把第二個目標設定在實現第一個目標的一年後。和最終目標相比，第二個目標是很小的目標，只要努力一年就能實現。而且，當你實現第二個目標時，你會累積比實現第一個目標更大的信心，像這樣子，好好地安排、組織夢想的每個階段，在實現夢想的過程中，你就能感受到「目標梯度效應」的作用。

目前為止，是想告訴大家「中間途經點」的重要性，**我認為按不同階段安排中間途經點，是繪製夢想地圖最重要的核心**。

在時間軸上標出中間主要目標時，還有一件不容忽略的事，那就是安排中間目標實現時間點的間距時，要用**等比數列**，而不是等差數列。這是夢想地圖的另一個祕密，我會在後面仔細說明這個重要概念，在此之前，請大家先看下頁圖 5-9 的錯誤與正確範例，大致理解即可。

像「20－30－40－50」，前後兩項的差為一定值（十）的數列，在數學上，被稱為「等差數列」。和等差數列不同，前後兩項的差為「一定比例」的數列，被稱為「等比數列」。比如「80－40－20－10－5－2.5」，前後兩項差為減少二分之一，或增加二分之一。

通常，**夢想地圖會設定七個目標左右**（大學生和年輕人六到七個，國、高中生或中年人四到五個）。為什麼要用等比而不能用等差概念排列中間主要目標呢？如果你把中間目標實現點分成「二十歲（現在）－三十歲－四十歲－五十歲－六十歲（未來）」，那將出現兩個問題：第一，以現在年齡二十歲為起點，並將第一個目標設定在三十歲，也就是十年後的遙遠未來，那在你達成第一個目標之前，有可能會先忘記實現目標的原因；即使記得，你也有可能在奔向目標的過程中，輕易地放棄。如果你用等差數列的概念安排中間目標，第一個目標會被設在太遠的未來，夢想地圖將會完全失效。相反地，如果你按等比數列的方式安排中間

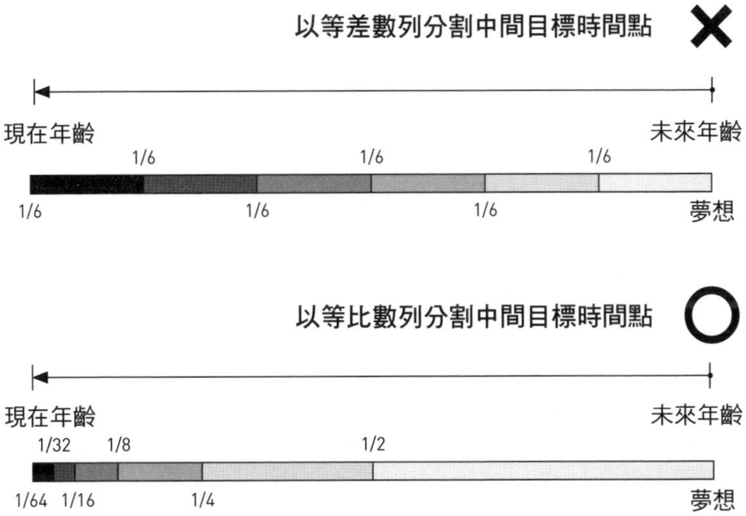

【圖5-9】

目標將被安排在半年（或三個月）後，達成第一個中間目標的可能性相對地大。

此外，在你用等比數列安排中間途經點時，也要考慮如何切分各階段，也就是「適用區間」。就像前面提到的天安門與萬里長城中餐廳的例子一樣，當你把第一個目標放在離現在不遠的時間點上，實現目標的機率會提高。大家比較下面圖5-10的錯誤範例與正確範例，就會很容易理解。

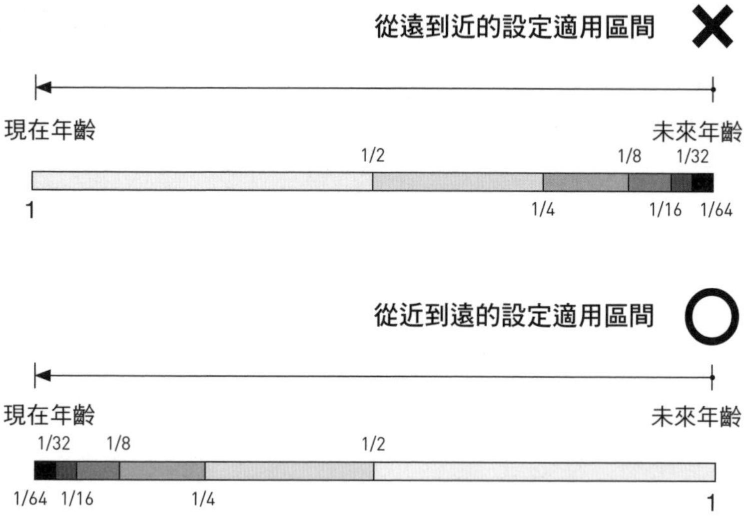

【圖5-10】

第六章

開始設計夢想地圖

通過名為「主要目標」的原因，能實現「夢想」的結果。為了讓過去的夢想不再模糊，我們要制定支持夢想的下級目標，用因果關係將之連結。

01 圖表思考的好處

有些人能將複雜的問題簡化，也有些人能用直白論點說服大眾。這些人腦中擁有的，就是邏輯思考能力。要不就是擁有天生卓越的大腦，要不就是後天栽培出了邏輯思考能力。腦科學家認為從小持續訓練一個人的大腦，能栽培出其邏輯思考能力。

已經無法重回童年的我們，該怎麼做才能培養邏輯思考能力呢？幸好，我們還有另一個好方法——圖表（Diagram）。大家可以把圖表理解成「整理想法的文字與圖片」，用簡單的句子整頓散亂的思緒碎片，將之與線段、箭頭、四邊形、圓形等圖形連結，從而整理出的圖表。

資訊設計研究專家認為，當人們越常接觸外部世界的無秩序狀態，思想就會變得越抽象，為了避免資訊被埋沒，我們需要一種新的視覺語言，「圖表」就是其中之一。

不僅資訊設計專家，研究員和教授都會使用圖表，它是撰寫研究計畫大綱的最佳工具，因為圖表能幫助他們一眼看出核心事項內容，以及該事項與下級內容之間的關係。我在教課時，也經常使用圖表。圖表能說明艱澀的概念，逐一解開錯綜複雜的線團，幫助學生記住上課內容，避免在腦海中盲目探索。假如學生能親自畫出圖表，用肉眼確認難題，就會看見意想不到的解決方法。

舉例來說，我上小學的侄子是個電視兒童，一回家就黏在電視機前不肯離開，叫他別看，也會找各式各樣的藉口搪塞，有時說自己剛從補習班下課，現在是看電視的休息時間；有時說自己等這個節目等了一個禮拜，一定要看。因此我去搜集資料，打算用邏輯告訴他看電視的壞處，要是信口開河，他一定不信。幸好，在網上找資料並不難，我將資料彙整成下圖，提出看電視會引發的主要問題。

電視看太多會造成許多問題，大致可分為四類：身體問題、精神問題、生理問題與社會問題。

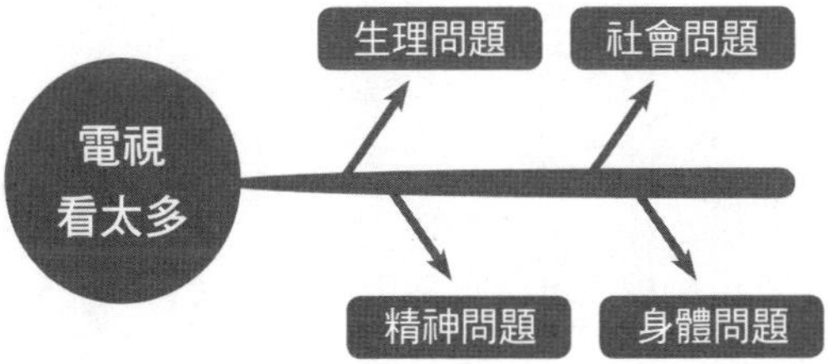

細究每個問題如下：首先，看太久電視會造成的身體問題是視力變差和頭痛。精神問題則是無法維持長久的專注力，專注力會被外界的小刺激分散，而專注力下降的大腦也會排斥創造性思維，導致創意低落。長時間坐在同一個地方看電視，造成的生理問題是消化不良與睡眠障礙。根據研究結果顯示，每看一小時電視，會縮短兒童七分鐘的睡眠時間。最後是社會問題，兒童看太多電視會降低與同輩的社會互動，嚴重時甚至會受電視的影響，仿效暴力行為。

這些內容又多又複雜，很難用說的解釋清楚，想背也不好背。這時候，圖表能有效地幫助整理這些資訊。製作圖表並不難，只需要一張紙和一支鉛筆就夠了，當然，使用簡報程式PowerPoint或其他軟體，事半功倍，但用手畫也可以。

下頁圖就是我最後完成的圖表，我作好萬全準備，要與侄子來場邏輯辯論。我決定不要在他看電視時發動攻擊，而是靠時下最夯的玩具創造攻擊的最佳時機。我告訴他，如果乖乖聽我說五分鐘，我就會買玩具給他。然後，我用這張圖表一一說明電視看太多的壞處。

在過去數十年裡，圖表被廣泛利用為概念視覺化的工具。一九七〇年代，阿爾巴恩（Keith Albarn）與史密斯（Jenny Miall Smith）強調圖表作為「人類思考工具」的重要性與效用價值，提到：「圖表是將概念結構化的證據，是能明確表達概念特性的模式。為了加速交流，圖表會透過適當的結構，創造出第二層概念。」

讓我更仔細地說明吧。圖表能明確地表達人類的內在意識，而在繪製圖表的過程中，製圖者透過圖表看出了問題的結構、情況、順序與流程，進一步被觸發了意想不到的新點子。這就是為何我能十分肯定，圖表是把複雜問題系統化的最佳工具。

繪製圖表的方式並不難。如範例所示，我用幾個線條與箭頭連結幾個圖形，再加上一些單詞、句子，一張圖表就此誕生。大家不用擔心太難，跟著這本書的介紹，慢慢地動手做，大家都能用圖表畫出自己的夢想地圖。

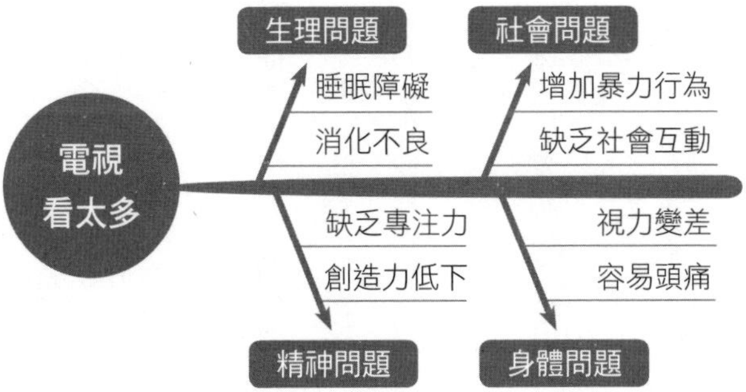

02 什麼是魚骨圖？

世上的圖表種類繁多，每種圖表都用於表現客體的狀態、結構和關係。舉例來說，在數學課上學過的文氏圖（Venn diagram）用來表現客體的集合、交集等的「狀態」；家族族譜（樹狀圖）用來表現家人之間的「關係」與「結構」。而我們要描繪的夢想地圖，應該要能同時表現「狀態」、「結構」與「關係」。也就是說，我們用具體的文字描述介於現在與未來夢想之間的主要目標，呈現其「狀態」，再將相應目標「結構化」，最後根據優先順序排出「層級關係」。在所有的圖表中，魚骨圖能最有效地呈現夢想地圖。

一九六八年，日本統計學博士石川馨（Ishikawa Kaoru）創造了魚骨圖，目前被廣泛用於解決創意性問題上。顧名思義，可以發現魚骨圖的模樣很像魚骨。魚骨圖是利用魚的特徵：頭、尾、脊椎、脊骨刺、腹刺等部位進行繪製，能同時呈現「狀態」、「結構」與「關係」，其中它最大的優勢在於呈現「關係」。由於它能完整地表現每個事件的前後順序及因果關係，究竟是什麼「原因」導致了什麼「結果」，因此，魚骨圖又被稱為「因果圖」。

為了幫助理解，我們先看一下利用魚骨圖分析「原因」與「結果」的例子。魚骨圖與魚的骨骼形狀相似，大致分為「頭—尾—脊椎—脊骨刺—腹刺」。在此，我要利用魚骨圖分析韓國詩人鄭然福的詩〈靈魂純潔之人〉。

詩的內容如下：

靈魂純潔之人

靈魂純潔之人不會彰顯自己，
不會高聲呼喊我在這裡，

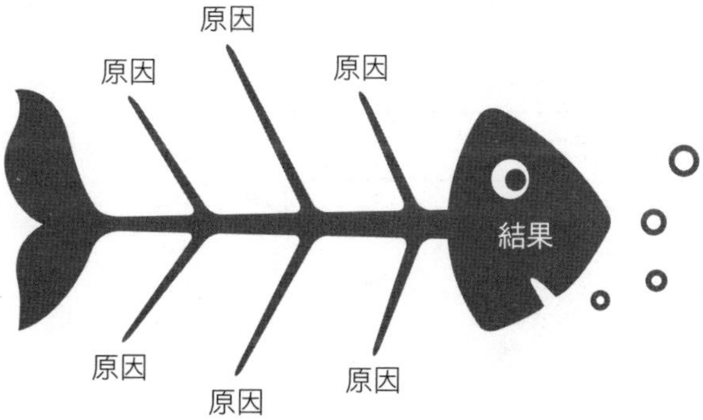

【魚骨圖的基本概念圖】

也不會心急的炫耀自己。
就像野花般文靜嫻淑，
但人們還是憑感覺能立刻認出來。
如乘著花香之風遠飛；
如天空不曾隱藏它本來的樣子。
那純潔靈魂散發出的幽幽香氣，
觸動了人心，成為拯救生命的氣息。

用一句話概述整首詩的核心，那就是「靈魂純潔之人擁有拯救生命的氣息」。「靈魂純潔之人」是「原因」，因為有它，才得到「拯救生命的氣息」的結果，我把它整理如下圖。

我們先在大箭頭的右端寫上「拯救生

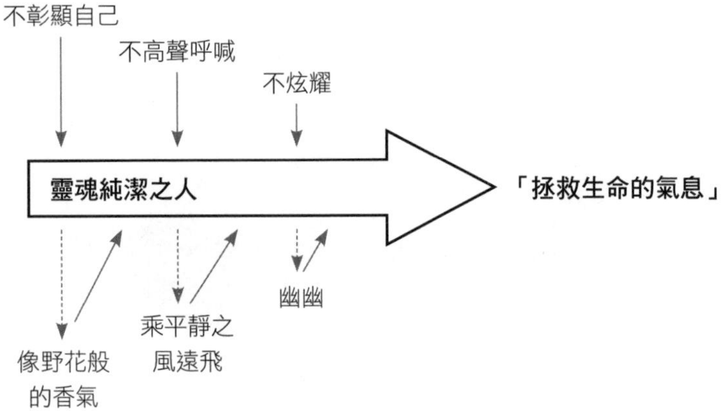

命的氣息」，在「脊椎」寫上「靈魂純潔之人」。接著來看「刺」，上下魚刺連結了「靈魂純潔之人」的直接特性與間接特性。在「脊骨刺」處，「靈魂純潔之人」的直接特性是「不彰顯自己」」，而「腹刺」處的間接特性是「像野花般的香氣」。以此類推，依序連結第二、三根刺，因為「不高聲呼喊」，所以「乘平靜之風遠飛」；因為「不炫耀」，所以「幽幽」。

以上，我們用魚骨圖整理出了一首詩的核心內容，整理關鍵在於區分「原因」與「結果」。詩的最後一行「拯救生命的氣息」是果，詩名「靈魂純潔之人」則是因，這樣一來，我們就能從大框架與大結構上掌握詩人的思想。反過來說，也可以利用魚骨圖寫詩：先把自己想說的核心概念整理出因果，再研究用什麼語句表達，組織中間架構。簡言之，當我們通過魚骨圖，把詩的核心概念系統化，再替每一個細部內容添肉，就能完成一首詩。

03

用魚骨圖創造夢想地圖

繪製夢想地圖的關鍵，在於設定最終夢想與現在年齡之間的「階段目標」。下級目標能成為實現最終夢想的支柱，而主要目標和最終目標則需以因果關係相連。

請大家邊回想魚骨圖的各部位名稱，魚骨頭是由「頭—尾—脊椎—脊骨刺—腹刺」所組成，邊把魚骨圖轉換成夢想地圖。

從現在朝夢想出發的起點，就是「魚尾」；「魚頭」就是最終夢想的時間點，「脊椎」則連

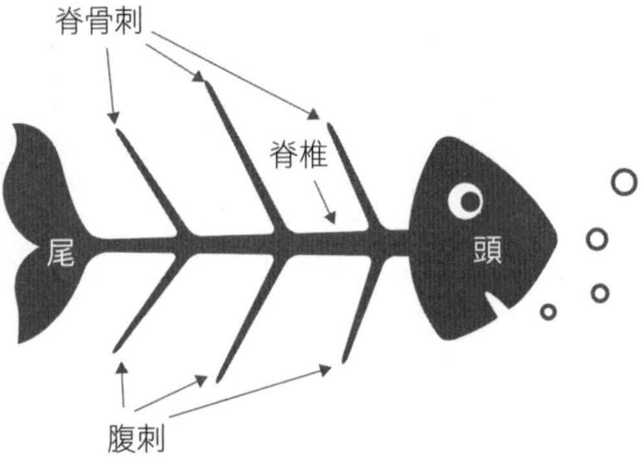

【魚骨圖各部位名稱】

接魚尾到魚頭，即連結現在和最終夢想。位於脊椎骨上方的「脊骨刺」是在實現夢想的過程中，會對最終夢想產生直接影響的「主要目標」，位於脊椎骨下方的「腹刺」則是填入能提供動力的「願望清單」的地方。

請大家參考前一篇分析〈靈魂純潔之人〉的魚骨圖。上方脊骨刺描述了「拯救生命之氣息」的直接特性，下方腹刺則連結了「間接特性」。用魚骨圖描述夢想地圖也是一樣，分成對最終夢想產生直接影響的「主要目標」，以及替人生提供間接動力的「願望清單」。

「主要目標」和「願望清單」的作用各不相同。大家把主要目標想成是人生中的主角，把願望清單想成配角就行了。在電影中，主角固然重

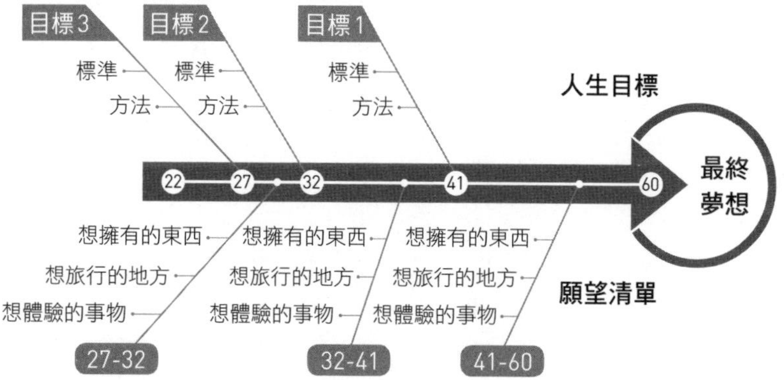

【夢想地圖的基本概念圖】

要，但少了配角就無法完成有趣的電影。如果我們把在實現夢想的過程中，會帶來巨大影響的主要目標，與替日常生活提供動力的願望清單相結合，便能產出完美的綜合效果。

在魚骨圖中，「脊椎」負責連結魚尾和魚頭，也就是從現在年齡出發，到未來夢想的「時間軸」。我們會在時間軸的「脊骨刺」上，依序寫出到達最終夢想之前的主要目標。主要目標就是脊骨刺的「原因一」、「原因二」與「原因三」。正如我們沒有梯子就拿不到高處物品一樣，我們必須樹立階段性目標，一步步往上爬，才能實現最終夢想。在寫主要目標時，除了主要目標內容之外，大家可以另外寫上目標的「標準」和實現目標的「方法」。

另外，大家可以在「腹刺」的願望清單，寫上各種想要的事物，包括想要的東西、想去的旅行地、想體驗的事物、想分享的事等等，再對應每個願望與每個目標達成的時間點。

04 畫出夢想魚的「頭、尾、脊椎」

頂繩攀登（Top Roping）是攀岩運動類型之一。所有的攀岩選手在攀岩壁之前，必須在腦海中尋找適當行進路線（Route finding），掌握攀爬路線。選手們都必須尋找適當行進路線，才能準備好在登頂過程中要用的手腳配合動作，並且事前蓄力，完成登頂任務。沒有任何選手省略這一個步驟，還能登頂的。

我們實現夢想的過程，和攀岩時尋找適當行進路線相似。我們得先掌握現在到未來的大致路線，才能輕鬆地到達夢想。因此，在畫夢想地圖時，最重要的是，明確地掌握整個人生路徑，並依據人生路徑，制定中間過程。還有，我們得在漫長的人生旅程中畫出必要分歧點，以提高找出適當行進路線的機率。簡言之，沒有支持我們走到最終夢想的主要目標，我們就很難實現夢想。

繪製夢想地圖的過程，始於宣示人生實質目標——夢想。在宣示夢想後，我們要設定現在與未來夢想之間的必經分歧點「主要目標」。這些主要目標是貫穿現在與未來的人生骨架。

大家寫主要目標時要小心，不是想到什麼目標就列上去，要精簡目標數（通常少於七個），且這些目標的方向要一致，朝著實現最終夢想前進。如果主要目標超過必要的數量，或者目標與目標之間缺乏一貫性，就會產生不必要的人生旁枝，那麼，這張夢想地圖只是張分散生活能量的無效地圖。

讓我歸納一下吧。在大家決定支持最終夢想的中間主要目標時，要將數量最小化，主要目標的方向須與最終夢想一致。用手畫或用電繪都可以，方便就好，不用追求美觀，但一定要簡潔明瞭。從現在起，我會把繪製過程分成十三個步驟，一一進行說明。

決定現在和未來的時間點

請大家準備一張A4繪圖紙、一支鉛筆和一支三十公分的尺。如果沒有繪圖紙，畫在A3或A4紙上也沒關係。我會建議大家先在小紙上試畫，再挪到大紙上。因為紙張越大，思想的框架就會越大。

第一步，請把紙橫放，左右兩邊各畫一個圓點，左邊的圓點寫上「現在」，右邊的圓點寫上「未來」。大家可以想成左邊代表「現在」的魚頭，右邊是代表「未來」的魚尾。第二步，請在魚尾的部份畫上箭頭，表示人生旅程中的時間流逝方向，正從「現在↓未來」。

第三步，在代表「現在」的左邊的圓點，寫上自己的年紀（比如：二十三歲），在代表「未來」的右邊的圓點，寫上實現夢想的年齡（比如：五十七歲）。

因為每個人實現夢想的預期年齡不同，所以實現夢想的年齡，你決定填多少都可以。舉例來說，就算同樣都是「成為遊戲公司老闆」

【第1步】

【第2步】

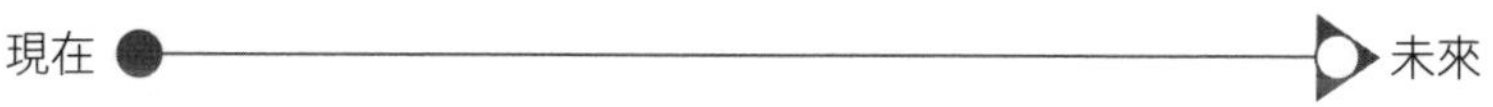

的夢想，但夢想的公司規模不同，有人只想要小公司，員工二十人左右，而也有人想要一家三百人以上的大公司，成為老闆的預期時間（年紀）當然也會不同。所以，大家只要考慮自身情況和條件，決定實現夢想的年齡就行了。

決定實現夢想的年齡，等於決定人生的高潮時間點。大家就像在一部「開場－故事展開－高潮－結尾」的電影中，決定什麼時候走到高潮一樣，考慮自己人生的旅程，決定人生成就的高潮時間點。

如果大家很難決定實現最終夢想的年齡，那就參考以下的建議吧。如果你現在是國、高中生，實現最終夢想年齡最好是四十到五十歲之間；如果你現在是大學生，實現最終夢想年齡最好是四十五到六十歲之間；如果你現在是三十幾歲，實現最終夢想年齡最好是五十五到六十五歲之間。大家可以以父母的年齡為準，如果你現在二十二歲，父親年齡五十七歲，那麼，你可以把實現最終夢想年齡設為五十七歲。假如妳是女性，就可以以母親的年齡為準。如果你是銀髮族，根據統計數據顯示，韓國人平均年齡

【第3步】

現在 23 —————————————— 57 未來

為八十一歲左右，你可以考慮自己的健康狀態和預期壽命。決定實現最終夢想年齡就行了。

分配夢想

第四步，請大家在右方寫上自己的最終夢想，比如：「一名擁有一百名員工的遊戲開發公司老闆」。夢想是你所期望的人生實質目標，得先知道目標，你才能前進，並把這個目標放在前面決定好的實現夢想年齡（五十七歲）上，無論任何目標，在人們意識到有截止期限時，目標實現的機率往往較高。如果你不知道怎麼設定夢想，請回頭參考第二章。

在決定夢想時，有件不能忽略的事，那就是你要以自己內心深處渴望實現的東西，作為設定夢想的標準。不要在意身邊人的視線，也不要被一般社會規範影響。夢想的型態、色彩、內容、大小都無所謂，但**一定得是「你」的夢想**，不是從別人口中說出的華麗夢想。與其逼自己穿上不合身

【第4步】

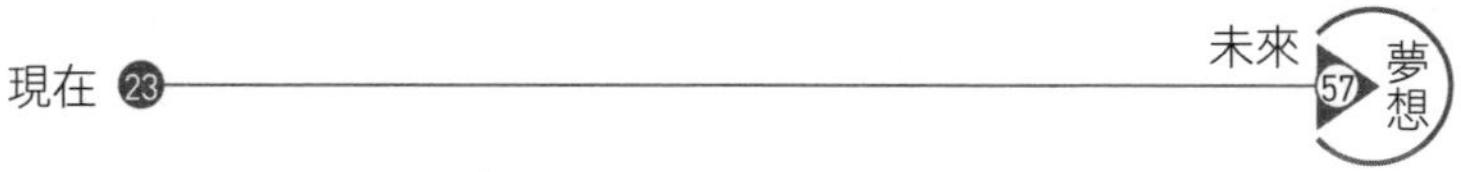

的晚禮服，不如換上行動自如的日常便服，反而更能呈現出最好的自己。

夢想可以是平凡的，也可以是特別的。我有一個學生想當警察，他也確實辦到了。我還有一個朋友，想去智異山山腳下種蘋果，畫畫。無論你的夢想是像前者般的典型夢想，或是像後者般少見的非典型夢想，都沒關係。就像韓國作家柳時敏所說：「人生品格能讓生活變得美麗，而它無關平凡或非凡。」你所需要做的，只有宣示能帶給你幸福的那個夢想。

夢想型態沒有所謂的完美標準，大家可以以公司、職業或工作當標準，也可以用社會身分或經濟實力當標準，或套用自己獨有的標準。比方說，「我想成為一位專門教導有著多元文化家庭背景的小孩的老師」、「我想成為一名揭開韓國宇宙時代序幕的科學家」等等。夢想還沒想清楚也沒關係，只要你現在心中有夢想，就不要猶豫，動手畫出夢想地圖吧。至於那個夢想是你堅定地想實現的夢想，還是模糊的假象，等你畫出夢想地圖後就能判斷了。

如果有一個夢想，你能清楚地寫出實現它需要經過的中間目標，並能在心中描繪出整個路徑，那麼，你把它設為最終夢想也沒問題。但如果你在繪製的過程中，畫不出從現在到最終夢想的中間途徑，你就得檢視畫不出來的理由。原因很可能是以下兩種：**第一、這不是你需要的夢想，你只是因為單純的慾望而想實現它。第二、你雖然渴望這個夢想，卻不知如何實現。**如果是前者，你就應該重新考慮夢想，增加與內心對話的時間，重新思考人生方向與意義；如果是後者，你就不用擔心了，只要去請教與夢想相關領域的專家，問題就能迎刃而解。

舉例來說，如果你的最終夢想是「成為大學教授」，你可以請教現任教授。要是你的最終夢想很特別，很難找到請教的人，那麼你要更努力去查找相關資料，找到能幫助你的人。就算能幫到你的人是外國人，你也必須慎重地發電子郵件，請求對方幫助。只要你鼓起勇氣，意外的幸運一定會到來。要是你覺得和人見面或發電子郵件很麻煩，那麼它就不是你真正的夢想。所有的夢想都源自迫切，缺乏迫切性的不是夢想，只是慾望的假象。

05 畫出夢想魚的「脊骨刺」

決定第一個目標

第五步，請大家把現在年齡和實現夢想年齡對半切，把中間的年齡標在「脊椎」中間。假設你現在二十三歲，實現夢想的年齡是五十七歲，中間年齡就是四十歲。

接著，請你在四十歲填寫「目標一」，如果你想在五十七歲時實現夢想，你得在四十歲時做到什麼事。比方說，如果你希望在五十七歲成為「擁有一百名員工的遊戲開發公司經營者」，那麼「目標一」應該是「我成立了遊戲開發公司」，或「我是一名

【第5步】

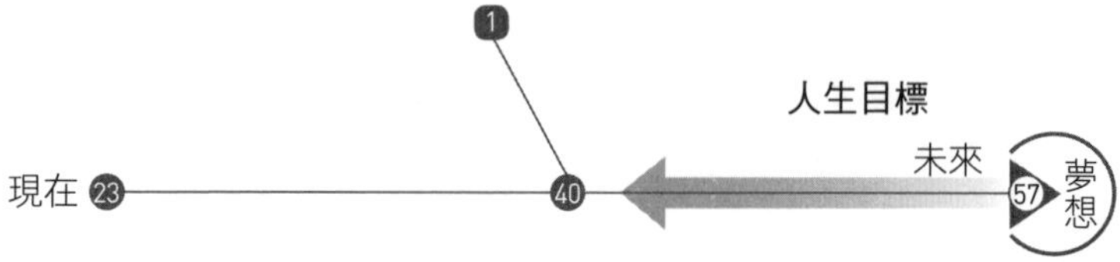

擁有三十名左右員工的中堅遊戲開發公司的部長」。如果你想在五十七歲成為遊戲開發公司經營者，在四十歲左右應該要有直接或間接的遊戲業相關經營經驗，你必須掌握公司經營的流程，像是了解如何找到人才、如何管理公司的經營資金、開發遊戲的相關宣傳策略等。若你能在四十歲時成為遊戲開發公司老闆或主管，你就能接觸基於公司大框架下的公司經營內容，像是：遊戲開發、人力經營、流入資金、行銷、收益模式管理等。

決定「目標一」的關鍵是，你不能用現在年齡（二十三歲）為標準，去思考四十歲時想達成的目標，而要反向思考，為了在五十七歲實現最終夢想，四十歲時一定得做到的事。也就是說，把五十七歲的夢想當成「因」，把四十歲實現的「目標一」當成「果」。千萬不要搞錯因果關係。我刻意把「寬又大的箭頭」標記在夢想魚「脊椎」上，就是為了強調方向的重要性，但你的夢想地圖上不用畫這個箭頭。

此外，大家描述「目標一」時，最好使用現在式，例如：比起寫「我要成為遊戲開發公司老闆」，寫「我是一名遊戲開發公司老闆」更好。現在式能造成大腦的錯覺，誤以為你已經實現了目標，注入正面銘印效果。使用現在式的另一項優點是，有助大腦分泌名為多巴胺的賀爾蒙。多巴胺是一種能消除壓力，誘發動機的物質，能提高你對實現目標的自信心。

決定第二個目標

第六步，現在要決定「目標二」。「目標二」的位置是現在年齡（二十三歲）和「目標一」年齡（四十歲）的中間一半位置，約是三十二歲。

在前面，我們設定你四十歲要實現的「目標一」是「當上了遊戲公司的主管（或總經理、副總）」，因此，在三十二歲的「目標二」時，你應該要當上遊戲公司的協理或經理。如果你要在四十歲當上中堅企業的主管，光知道經營理論還不夠，你還要親自參與遊戲開發過程，並在四十歲前累積各種實務經驗，包括遊戲開發、人力管理、市場行銷等必要的領域在內，掌握各種領域特性。考慮到課長或主任是業務第一線負責人，你可以把三十二歲時實現的「目標二」寫上「擔任遊戲開發公司課長一職」。

【第6步】

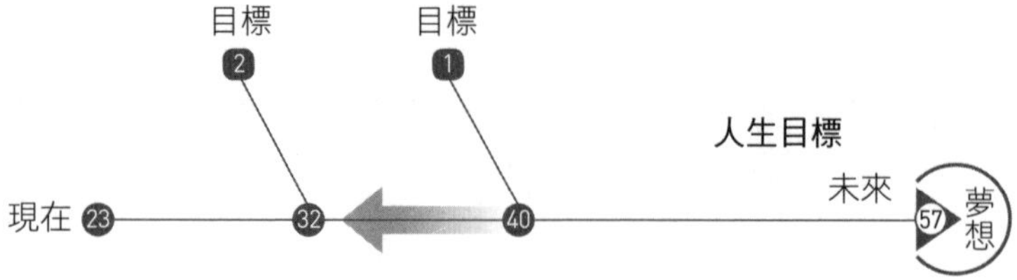

注意，寫「目標二」時不用在意最右邊的「最終夢想」。設定「目標二」要考慮的不是「最終夢想」，而是「目標一」。你只需要考慮三十二歲時做什麼，能最有效達成「目標一」即可，最終夢想只需要在決定「目標一」時再考慮。我會在接下來「決定第三個目標」這節說明原因。

決定第三個目標

第七步，決定「目標三」的步驟和決定「目標二」一樣。你在現在年齡（二十三歲）和實現「目標二」的年齡（三十二歲）中間，也就是二十七歲的地方寫上「目標三」。如果你在三十二歲要實現的目標是「擔任遊戲開發公司課長一職」，那你就要思考二十七歲時必須做到什麼，才有助於實現目標二。舉例來說，你那時必須從事網路遊戲開發工作，所以，你可以

【第7步】

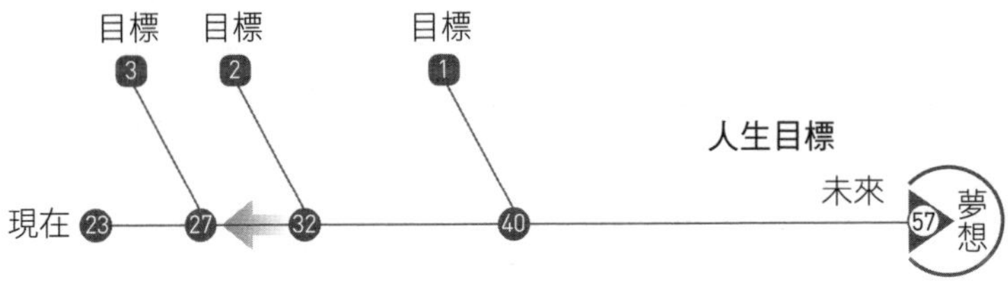

在「目標三」寫上「從事網路遊戲開發工作」。

在此要注意一點：盡可能具體地描述目標。「從事網路遊戲開發工作」，你要怎麼更具體地描述這個目標呢？比如，你可以寫上公司名稱。韓國國內或國外有很多遊戲開發公司，選出自己想去工作的公司就行了。韓國的樂線（Nexon）公司旗下擁有跑跑卡丁車、楓之谷、突擊風暴等受到全球玩家喜愛的許多遊戲。如果你想進樂線，「目標三」就要寫成「在樂線從事網路遊戲開發工作」。目標設定得越具體，就會越有效。因為目標夠具體的時候，我們的大腦不會遺忘相關資訊。腦科學把制定具體資訊的過程，稱為「精緻化」（elaboration），被精緻化過的資訊不易被遺失，會被長期存在大腦中。

同樣地，在決定「目標三」時，不要在意最右邊的「最終夢想」，一旦在意起五十七歲實現的最終夢想，你就會想到各式各樣的目標，無法判斷哪個目標才是正確的，最後迷失方向，不知道如何設定二十七歲該實現的目標。而且，以最終夢想為基本考量所訂出的「目標三」，會和你之前決定好的「目標一」和「目標二」缺乏一貫性。而最大的問題是，它會大幅降低你實現最終夢想的機率。我說明一下為何如此。

我們繪製夢想地圖，不僅僅是為了確認夢想，最終是為了實現它。如果想有效地實現夢想，中間目標之間必須要有連續性的因果關係，就像排骨牌一樣。我舉個例子幫助大家理解。

有人主張氟氯碳化物（CFCs）是破壞地球環境的兇手，甚至預言了氟氯碳化物的排放會造成世界末日。這個論點聽起來很合理，也能引發你的共鳴，但真要問起為什麼，又很難解釋。因為「氟氯碳化物」和「世界末日」是兩個很遙遠的概念，要想具體說明兩者之間的關係，一定得分階段說明才行。

首先，我們假設「海平面上升」會導致海水淹沒大地，引發「世界末日」。接著，我們得思考「海平面上升」的原因。海平面會上升，是因為「極地圈的冰河融化」，而極地圈的冰河會融化，是因為「臭氧層被破壞」，最後，臭氧層被破壞的原因，是「氟氯碳化物」的排放。

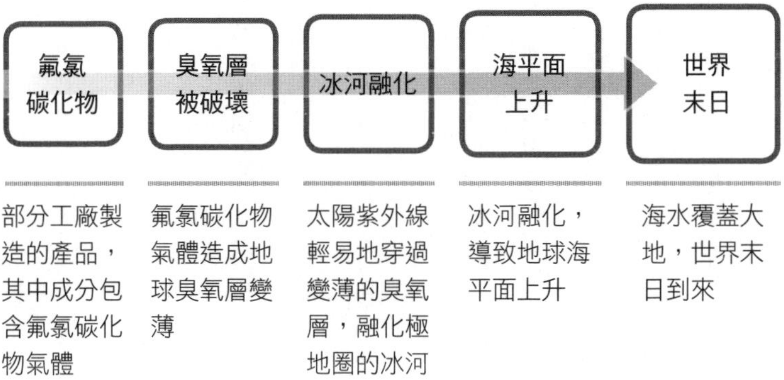
氟氯碳化物
臭氧層被破壞
冰河融化
海平面上升
世界末日
部分工廠製造的產品，其中成分包含氟氯碳化物氣體
氟氯碳化物氣體造成地球臭氧層變薄
太陽紫外線輕易地穿過變薄的臭氧層，融化極地圈的冰河
冰河融化，導致地球海平面上升
海水覆蓋大地，世界末日到來

讓我們整理一下。由於「氟氯碳化物」和「世界末日」是很遙遠的概念，因此，我們很難從「氟氯碳化物」推導到「世界末日」，但像排骨牌一樣，依序整理出「氟氯碳化物↓破壞臭氧層；破壞臭氧層↓冰河融化；冰河融化↓海平面上升；海平面上升↓世界末日」，就能呈現出兩者之間的因果關係與連續性。

繪製夢想地圖也是相同的道理。每次都想著「最終夢想」，以最終夢想為準，去設定數個中間目標，是錯誤的方式。為了能清楚呈現上級目標與下級目標之間的因果關係，你必須利用分段式接近的方式，從「最終夢想↓目標一；目標一↓目標二；目標二↓目標三」，如此一來，你才能確保每個目標之間的因果關係與連續性。

我推薦這種方式的理由很明確：我希望大家不只是繪製夢想地圖，而是要真正實現夢想。如果使用「最終夢想↓目標一；最終夢想↓目標二；最終夢想↓目標三」的方式繪製夢想地圖，會變成怎樣呢？你會遇到三個問題，第一，很難具體聯想出「目標二」和「目標三」。因為你的腦中會想到各式各樣目標，會變得不知所措。第二，就算你想到了目標，也不敢把它設定成目標。因為要在五十七歲實現的最終夢想看起來非常巨大，而現在的自己相對渺小，難以建立起奔向夢想的勇氣。第三，即使你有了勇氣，也難以持續熱情。請大家回想一下安琪拉・

達克沃斯教授（Angela Duckworth）的恆毅力公式：「成就是天分乘以恆毅力的平方」。恆毅力由持久熱情與堅持毅力所組成，而大部分人的熱情分數低於毅力分數，意思是，人們要維持長期專注於相同目標的「熱情」，比擁有克服挫折，再次爬起的「毅力」更困難。如果你根據五十七歲的最終夢想，決定了「目標三」，那麼，在往後的三十年，你必須持續對最終夢想的熱情，才有可能實現目標三。三十年不動搖，對同一個目標燃燒熱情，並不容易。因此，你只考慮三十二歲的「目標二」，去制定二十七歲的「目標三」會更簡單，畢竟維持五年的熱情比維持三十年的熱情容易多了。

我們來整理一下決定「目標三」的過程。你不要看著五十七歲的最終夢想，而是要看著三十二歲的「目標二」，決定二十七歲應該達成什麼目標。為了達成「目標二」，你在「目標三」時應該做些什麼？決定「目標三」的出發點不是最終夢想，而是「目標二」。請看著「目標二」去制定「目標三」。

決定第四個目標

在決定夢想地圖目標時，原則是要以前一階段目標為準，不要從現在去看未來，要從未來倒推回來，決定現在的目標，這樣才能輕鬆地走向夢想。

接著，第八到第十步，我們要決定「目標四」、「目標五」和「目標六」。制定方法和制定「目標二」和「目標三」一樣。只要看著「目標三」去決定「目標四」；只看「目標四」去決定「目標五」。決定「目標六」時也是如此。

這時我們需要注意一點，你得清楚知道，後面三個目標和前面的「目標一」、「目標二」、「目標三」有何不同。以範例來說，「目標一」、「目標二」、「目標三」是你在二十七歲之後要實現的目標，對大多數的人來說，通常是職場成就，因此，你在描述這三個目標時，可以加上公司名稱、職位名稱、負責工作、工作內容等等。不過，「目標四」、「目標五」和「目標六」通常與職場生活無關，而是在大學就讀期間要實現的目標，所以在這時期要寫上的目標，是專業領域、學習內容、證照、得獎經歷等。

在描述「目標四」時，你要以「目標三」為前提考慮「目標四」，並具體描述。比方說，

【第8步】

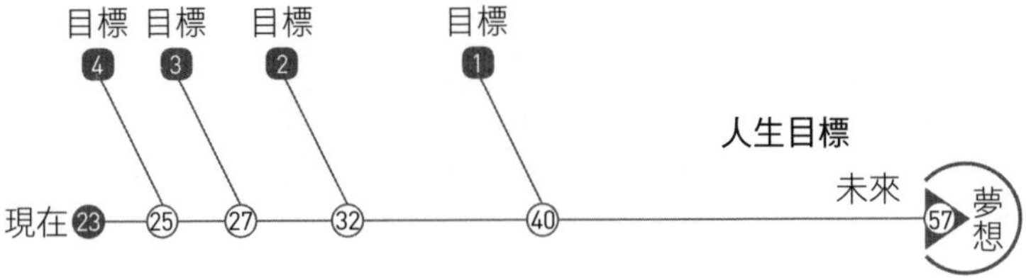
目標 4
目標 3
目標 2
目標 1
人生目標
現在 23
25
27
32
40
未來
57
夢想

【第9步】

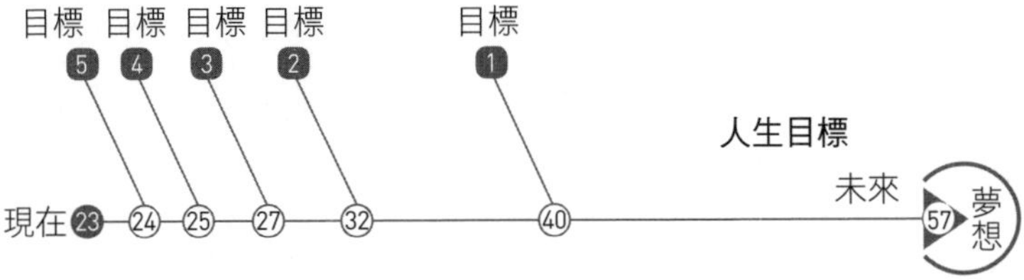
目標 5
目標 4
目標 3
目標 2
目標 1
人生目標
現在 23
24
25
27
32
40
未來
57
夢想

【第10步】

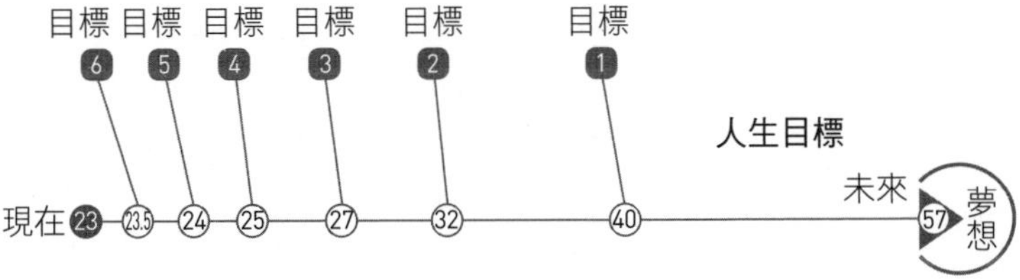
目標 6
目標 5
目標 4
目標 3
目標 2
目標 1
人生目標
現在 23
23.5
24
25
27
32
40
未來
57
夢想

你的「目標三」設定為「擔任樂線網路遊戲開發工作」，所以你打算在二十五歲達成的「目標四」，可設為「在樂線公司舉辦的大學生遊戲比賽中取勝」。因為如果你在樂線公司舉辦的比賽中獲勝，有助於提高將來被樂線錄用的機率。

如果你想在二十五歲贏得樂線公司舉辦的比賽，你就得有相應的程式設計能力。你可以蒐尋大學或補習班的相關課程，把二十四歲要實現的「目標四」，制定成「完成程式語言 C++ 高級班課程」或「自行用 C++ 開發遊戲」。

下一步要思考的是「目標六」，達成「目標六」的時間點距離現在只有半年。如果你現在二十三歲，達成「目標六」的年齡，就會是二十三歲半，「目標六」不用設定得比「目標五」宏大，只要「完成 C++ 初級班課程」就夠了。因為你會在「目標五」時擁有寫高級程式語言的能力，所以你不用害怕做不到「目標六」，它會是個值得挑戰的目標。另外，「目標六」的達成時間點設在半年後，要保持熱情並不難，也不會太輕易就放棄。

目前為止，我們觀察了介於「最終夢想」到「現在」之間的六個中間主要目標。如果你是二十到三十歲人，在實現夢想的過程中，約會經過六到七個中間目標；如果你是中年人士，那麼，只需設定四到五個中間目標就夠了；如果你是國小或國中生，最好也控制在四到五個目標，因為在你對世界了解不夠深的時候，簡潔的目標會更有效。最重要的是，**目標數不要超過七個**。原因如下：美國心理學家喬治・米勒（George Miller）曾發表論文《神奇的數字七加／減二》（*The Magical Number Seven, Plus or Minus Two: Some Limits on Our Capacity for Processing Information*）提到，人類大腦處理瞬間資訊的能力有限，一次能處理的資訊量為「七加／減二」，意思是能處理的數量介於九（七加二）到五（七減二）之間。

人類大腦中有三個處理資訊的區域，第一個區域是「感覺記憶」（Sensory memory）。個體會在兩秒內感知感官傳遞的資訊，由感覺記憶決定哪些資訊需要集中注意力處理，再將其傳入第二個區域「工作記憶」（Working memory）。工作記憶又稱短期記憶（Short-Term Memory），主要通過邏輯化與抽象化，自動地處理被輸入的資訊，資訊通常只會停留在工作記憶約兩分鐘，經工作記憶處理過的資訊中，需要長期儲存的資訊，會被傳送到第三個區域——長期記憶（Long-Term Memory）。長期記憶以編碼方式保存長期資訊。「編碼」是指無論轉換成故事形式或和個體已知資訊重組，長期記憶會用個體能記住的形式，將資訊重新編碼，以方便記憶。在長期記憶的資訊，短可以儲存幾分鐘，長則能儲存一輩子。另外，必要時，儲存在長期記憶的資訊，可以重返工作記憶，譬如說，我們的「回憶」，就是把儲存在長期記憶的資訊，重新取出到工作記憶。

我在前面介紹過，人類處理資訊容量是七加／減二，和感覺記憶、工作記憶與長期記憶有密切關係。當太多的資訊被輸入感覺記憶時，會使我們無法專注處理重要資訊，因此，大腦把判斷重要資訊的標準限制在七個左右。另外，被儲存在長期記憶的資訊，被召回工作記憶時，大腦無法一次處理過多資訊，普通人能處理的量只有七個左右。

讓我們回到夢想地圖，我之所以建議大家把中間目標數設定為六到七個，是因為在需要的時候，一閉眼就能回想自己的夢想地圖。在生活疲憊或艱難時，我們要能把儲存在長期記憶的夢想地圖，取出到工作記憶，藉此重新振作精神，若我們設定的中間目標超過六到七個，也就是超過瞬間資訊處理量，就很難想得起來。中間目標數最小化對我們才有利，每當需要的時候，我們才能毫不費力地記起夢想地圖的內容。

我說過，制定目標時最重要的是只考慮上一級目標。如果你每次制定中間目標時，都想把它和人生「最終夢想」結合，夢想地圖就會失去

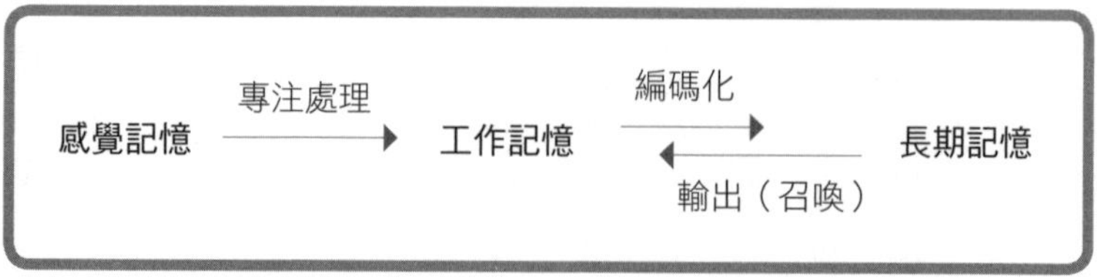

一貫性，變得凌亂。只有每個中間目標保持與前後目標的整合性，我們的大腦才能輕鬆地「編碼」與「取出」。設定中間目標的最大重點是：專注處理前一階段的目標，考慮要做什麼事，有助實現前一階段的目標，將其設定為此一階段的目標。請大家回想，我們用骨牌導出「氟氯碳化物會導致世界末日」的例子。

當你完成了夢想地圖，夢想旅程就會變得清晰，按夢想地圖的內容實踐，也不會覺得太難。假如你現在二十三歲，在二十三歲半時要達成「目標六」，也就是「完成 C++ 初級班課程」，今天你要做的事就是以現在為基礎，朝下一個目標，即在二十三歲半時達成的「目標六」奔跑，完全不用考慮「最終夢想」——在五十七歲時「成為擁有一百名職員的遊戲開發公司老闆」。從現在開始的半年時間，你只需把熱情燃燒在實現「目標六」上就行了。「目標六」並不難，只要「完成 C++ 初級班課程」，所以你不用害怕，只要稍微努力就能達成。

當半年後，你現在年齡變成二十三歲半時要怎麼辦呢？正如所想，你只要朝著二十四歲的「目標五」前進就行了。如果你達成了「目標五」，那麼你就努力達成一年後的「目標四」即可，之後是兩年後的「目標三」，接著是四到五年後的「目標二」；一旦達成了「目標二」，你就能著手準備八年後的「目標一」。當你達成了四十歲的「目標一」，最後只剩下五十七歲的「最終夢想」。若你完成了「目標六到目標一」的過程，你會充滿自信，確定自己能達成「最終目標」。若你經過了六次努力，逐一實現目標，這世上肯定沒有你做不到的事。

當你達到「目標一」時，覺得四十歲和五十七歲之間太遙遠時，該怎麼做？如果你沒信心燃燒十七年的熱情，該怎麼做？沒錯，正如你所想，你可以在四十歲時，重新繪製一份夢想地圖，重頭規劃四十歲到五十七歲之間的中間目標，設定三到四個中間目標，分階段推進。萬事皆有可能。

綜上所述，我們藉由魚骨圖看出夢想地圖的「原因」與「結果」，從而實現「原因」（即「主要目標」）的過程中，我們將「結果」（即「最終夢想」）變成了可實現的夢想，「夢想」不再是獨立存在的概念，它與支持它的下級夢想相結合，從「夢」中醒來，變成了伸手可及的對象，成為了我們眼前的現實。

現在讓我們安排夢想地圖中的願望清單吧。如果說主要目標是人生的大框架，下面要介紹的願望清單，可以想成是附骨之肉。

06 畫出夢想魚的「腹刺」

分配願望清單

現在你要分配願望清單，即夢想地圖的「腹刺」部分。目標一到目標六對實現最終夢想有著重大作用，故我稱之為「主要目標」，而腹刺則能幫助推進主要目標。

第十一到第十三步是關於怎麼分配願望清單的步驟。我個人將願望清單視為「給自己的獎勵或送別人的禮物」，比如說，你在四十歲實現了「目標一」，於是你透過獎勵以激勵自己繼續往前走，舉凡想要的東西、想旅行的地方和想嘗試的體驗都是很好的獎勵。我建議大家要限制願望數量，要是願望數量比預期來得多，你可以建立「禮物目錄」，在每個願望目錄下方，寫上兩、三個獎勵物，例如你可以建立一個「佈置書房目錄」，在目錄下寫上：一、買扶手椅，二、添購真空管音響，三、購買風景畫等等。

假設你能在三十二歲達成「目標二」，你可以把相應的獎勵（禮物）分配到願望清單中，把領取獎勵的時間，設在三十二歲到四十歲之間。當你達成「目標三」時，也用一樣的方式安排自己領取獎勵的時間即可。

分配目標四到目標六的願望清單的方式如前。不用把每個獎勵想得非常了不起，哪怕有些瑣碎也沒關係，舉凡想做的事、想去的地方、想擁有的東西都可以。把沉重又遠大的事情列入願望清單並不適合，因為願望清單並不是一定要完成的事，而是讓生活變豐富的補償。

目前為止，我們已經完成了「夢想魚」，嫁接魚骨的魚骨圖，就是我們一直以來想繪製的夢想地圖。我們按優先順序，組織了現在到未來之間必須實現的主要目標，並確定了各目標的實現時間點。另外，我們也視覺化了不同階段的下級目標與願望清單，使之一目瞭然，以支撐名為夢想的人生實質性目標。

整理上述內容，我們之所以利用了以魚脊椎為主，並分成背脊刺和腹刺的魚骨圖，是為了讓《夢想》這部電影的主角（主要目標）與輔助主演的配角（願望清單）達到平衡，發揮相輔相成的作用。《夢想》這部電影不能只由主角獨挑大梁，需要有配角登場才有滋味。主角就是

【第11步】

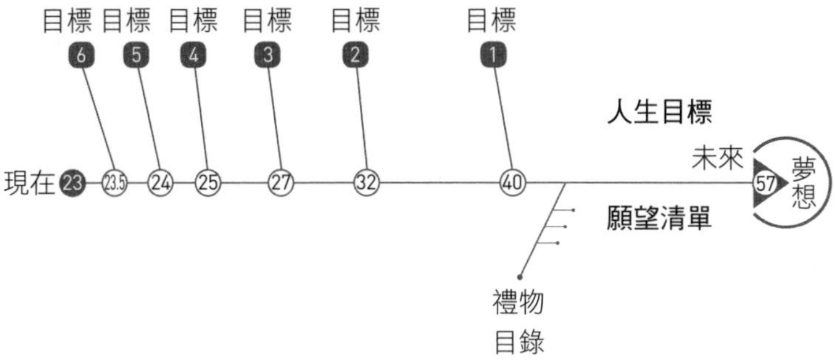

【第12步】

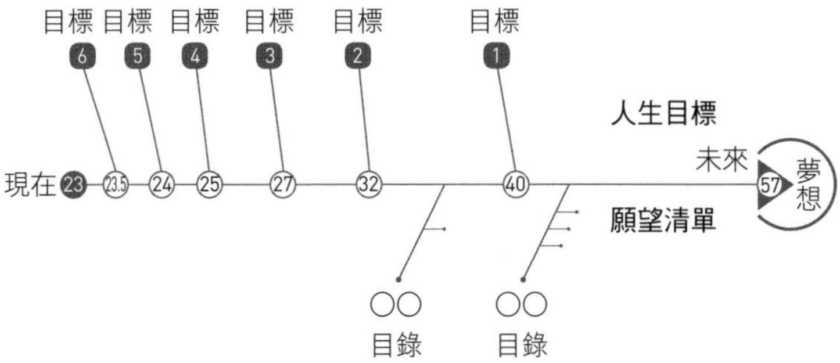

【第13步】

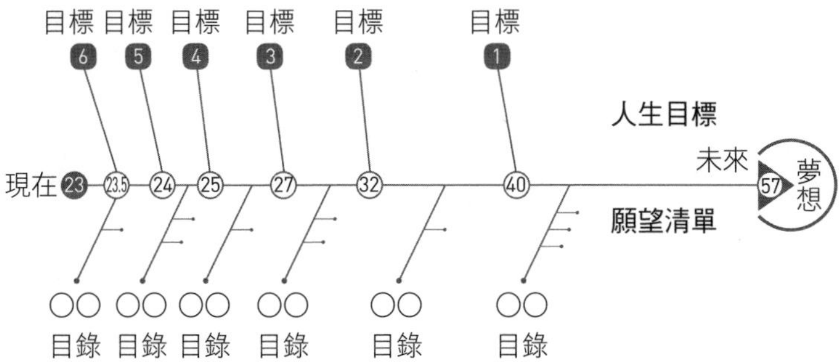

會直接影響夢想的「主要目標」，配角則是間接影響夢想的「願望清單」。當主角和配角互相配合時，一張出色的「夢想地圖」才能宣告完成。現在，我們已經鋪好了人生的主線，可以直奔夢想，沒有中途迷路之虞。

07 好好制定中程目標

在這部分，我會比照正確範例與錯誤範例，重新整理繪製夢想地圖的正確方法。我會一再強調，是因為正確繪製夢想地圖相當重要。

正確範例是由實現最終夢想的年紀出發，通往現在年齡的旅程，該旅程由「等比數列」所組成，從第一點到第二分之一點，再朝四分之一→八分之一→十六分之一→三二分之一→六四分之一點前進。而第一點到第二分之一點的距離最遠，距離依序減半（見下圖）。

我之所以使用「等比數列」，是因為它背後隱藏著一個

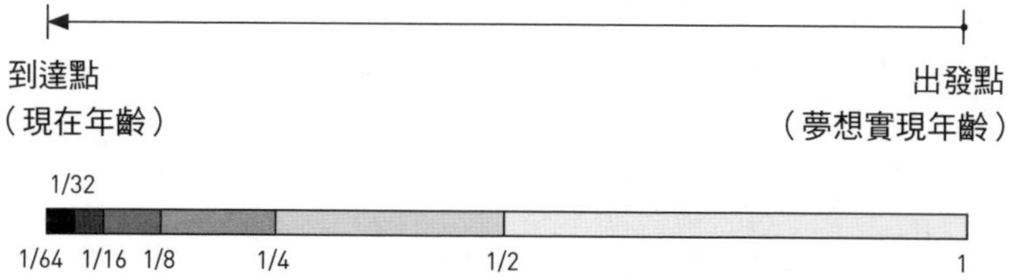

【正確範例：以等比數列分配中間目標點】

天大的祕密，那就是前面中式餐廳（天安門 vs. 萬里長城）範例中介紹的「目標梯度效應」——人越接近目標就越有動力，越能加速行動；反之，如果人離目標太遠時，會想放棄，怠於前進。假如繪製夢想地圖時不採用等比數列，則前後階段目標的距離會被拉長，目標設得太遠，就無法期望目標梯度效應。尤其是以現在年齡看來，未來的第一個目標實現點不會是幾個月後，而是幾年後。

在繪製完夢想地圖後，你實踐夢想地圖的方向，和繪製夢想地圖時的方向，截然相反，換言之，你要從「現在年齡」（到達點）為出發點，奔向「夢想實現年齡」（出發點）。讓我們思考一下正確範例中的現在年齡——六四分之一點，從這一點到下個三二分之一點非常近，換算成時間約為半年（或三個月）。你要在半年裡專注同一個目標並不難，再者，這個目標很小，很容易實現，只要你稍微努力就能實現它，當目標被實現時，你會產生信心，目標梯度效應也開始起作用，會想盡快挑戰下一個十六分之一點的目標，而三二分之一點和十六分之一點之間的距離不過一年左右。一年時間不長，加上實現了第一個目標後的你產生了信心，而且下一個目標比最終夢想來得小多了。就結果而言，每當你實現一個目標，你會對自己更有信心。我在第二章介紹的美國心理學家威廉·詹姆士說過，人類失敗的唯一理由是「不夠相信自己」。對自己沒信心的人，必然迎來失敗，反過來想，假如能逐步累積自信，那個人很有可能做什麼都成功。你只有用「等比數列」繪製夢想地圖，才能輕鬆地達成第一個、第二個目標，並藉由此一過程，發揮相信自己的力量。

接下來，讓我們看看錯誤範例。在這個案例，我用「等差數列」，也就是用相同時長為單位，安排最左邊現在年齡「到達點」，和最右邊最終夢想實現年齡「出發點」之間的目標。

這和採用「等比數列」概念的正確範例，完全不同。從最左邊的六分之六點到下一階段五分之六點的距離非常長，在這段時間內，你無法感受到實現目標的成就感。舉例來說，假設你現在是二十三歲半，設定在五十七歲時實現最終夢想，從六分之六點到五分之六點之間的時長約五·七年，也就是說，要等五·七年，你才能第一次感受到實現目標的成就感。這種方式不夠實際，也沒用。當你把目標訂得太遠，你在到達之前就

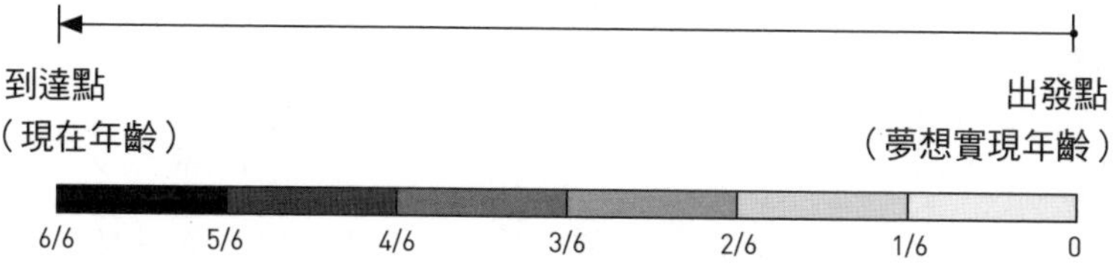

【錯誤範例：以等差數列分配中間目標點】

會先忘了它，哪怕沒忘，中途放棄的機率也很高，更別提發揮目標梯度效果。

繪製夢想地圖的另一個常見錯誤是，偶爾有人在分配中間目標時，會在同一點安排兩到三個目標。這不是個好方法，一個點只能分配一個目標。假設你現在三十多歲，想用積蓄買下人生第一間房子，各式各樣的條件出現在你腦海中：優秀學區、通勤方便、空氣好、無噪音污染、購物便利、新成屋和便宜。要是你堅持找到符合所有條件的房子，也許終此一生都買不到。因為你找不到這種物件，這世上也不存在這種物件。

你必須整理並簡化條件，進行條件優先排序。假設你認為孩子的教育最重要，你就該在通勤方便和空氣好的條件上讓步，不滿意也得讓步，只有這樣，你才能作出合理決策。目標越明確越好，這樣才能專注其上，想法過於複雜，目標就會不明確，實現目標的機率也會隨著年紀的增長而降低。

你的夢想地圖也是如此，在一個點上只能分配一個目標，並且選擇最優先的目標，捨棄其他瑣碎目標，就像植物不經修剪，殘枝重疊，有些枝葉會照不到陽光，還會奪去主要枝葉所需養分，導致植物無法健康成長，開出迷人的花與果般。

不擅長解決問題的人，大多傾向一次性處理複雜想法，但如此一來，問題反而更加複雜難解。心理學中有一說：「在人類擔心的事中，有百分之九十六都是庸人自擾。」要知道，聰明人面對需要解決的問題時，想得比普通人簡單，只思考重要的事帶來的結果，會比一次思考許多事更好。

最後，我們整理一下繪製夢想地圖的方法。繪製夢想地圖時，一定得記住這兩件事：

第一、用「等比數列」方式，安排現在點和最終夢想點的中間目標。

第二、制定中間目標時，一個點只安排一個目標。

第七章

願望清單隱藏的祕密

通過在夢想地圖加入願望清單，我們能在人生中享受到更多的「勝利者效應」。在人生的旅程中，只要善用願望清單，就能讓一次的成功經驗創造出另一次的成功經驗。

01 夢想的配角：願望清單

我的後輩是韓國足球選手孫興慜的忠實粉絲，他想邀請孫興慜到自己的餐廳用餐；我同學為了紀念升職，和妻子去了地中海旅遊，對希臘傳統菜餚茄子肉醬千層派（Moussaka）讚不絕口；在S集團工作的朋友想用年終獎金買車送母親；某名學生想和丈夫一起去冰島看極光；我的二女兒是對貓無所不知的「貓博士」，但我太太反對養貓，她威脅搬出去住後要養貓。每個人在人生中都有想做的事，這就是「願望清單」。

在現代，願望清單也可以說是在死之前一定得做的事。歐洲十二、十三世紀的中世紀封建時代盛行絞刑，眾目睽睽之下，一名男子脖子被套上繩索，站在廣場講臺的桶子上，劊子手一腳踢開桶子那一瞬間，男人就會喪命，而絞刑之前展現最後人性的時刻，給男人留下「想說的話」的機會。受刑者在桶子（Bucket）被踢掉之前留下的最後一句話，就是願望清單（Bucket

List）的由來。

「死之前一定要做的事」這種形容過於宏偉又沉重，所以，我想修改一下定義。本書中的願望清單有兩種意義：「正向的獎勵」或「利他的禮物」。正向獎勵是我們在完成計畫後給自己的補償；利他的禮物是我們完成計畫後，跟親愛的家人或身邊的人分享我的快樂。獎勵與禮物都是人生的良好能源，給所愛的人禮物和給自己的補償是一樣的，最終都是為了自己。禮物雖是給家人的，卻間接保障了自己的未來利益，例如：升職的時候買禮物送妻子，隔天早餐菜色會更豐盛。

你所想的一切都可以放進願望清單，舉凡想一個人做的事、想和家人一起進行的體驗、想擁有的東西、想當成禮物的物品、想見的人、想去的旅行等，什麼都可以。不過，在擬定願望清單時有一點要注意：不要把願望清單誤解為「所有想做的事的清單」。在你替夢想地圖分配願望清單時，最好限制其數量，就像電影中配角過多會造成劇情混亂般，願望清單作為夢想地圖的配角，數量過多也不好。儘管沒有規定的數量，我個人建議是把它分成幾個方面的目錄，限制目錄數量如：「一定要去的四個地方」、「一定要體驗的五件事」、「一定要擁有的六樣東西」、「想送給家人的三項禮物」等等。

要是你的腦海中已經整理好了願望清單，請寫在紙上。制定願望清單是繪製夢想地圖的先置作業。等到一段時間過後，請你閉眼回想願望清單的內容，如果有想不起來的，最好果斷地刪除。因為大腦取不出記憶，意味著它不是你內心真正所渴望的。還有，人生不是炫耀的舞臺，我們不需要炫耀用的願望清單，刪去想在社群網站上炫耀的願望，整理成簡潔精練，卻會成為日後個人歷史上的珍藏內容。

如果你確定好了最終願望清單，請寫進夢想地圖吧，在夢想地圖上標記出每個願望的期望達成時間點。方式有三：第一、可以用年齡為基準，像在十九歲、二十六歲、三十九歲、四十五歲上代入願望清單。第二、每實現一項夢想地圖的主要目標，就實現一個願望。舉例來說，在達成離現在年齡最近的「目標六」後，你要買「又輕又好看的筆記本」；在達成「目標五」後，你要去「濟州島旅行」、「和妻子買VIP席的票，去藝術殿堂看表演」；在達成「目標四」後，你會「和家人一起去歐洲旅行」、「給父母一千萬韓元」。

假如你覺得第一種和第二種方式過於生硬，也可以用另一種方式，那就是在對自己有意義的特別活動時，代入願望清單，例如：「高中畢業那年冬天一定要做的事」、「大學畢業前一定要去的地方」、「進入第一家公司想送父母的禮物」。這種方式能讓精彩的願望存在於人生每個重要時刻。

願望不一定要精彩，過於宏偉又沈重的願望，反而可能無法實現，小也沒關係，只要是你生活中想體驗的，寫什麼都可以。請大家不要忘記，被列入願望清單的項目不是主要目標，而是人生舞臺上的配角，你要親自挑選有助於主角演出的配角，讓人生變得更有滋有味。

02 願望清單的效果

儘管我將願望清單解釋為「正向的獎勵」或「利他的禮物」，但大家不能只聚焦在獎勵和禮物上。願望清單不僅僅能創造出驚喜活動，滋潤疲憊又枯竭的人生，還能促進過去我們所不知道的「勝利者效應」（The winner effect）。從以下例子，可以了解什麼是勝利者效應。

有幾名上班族拜訪大學恩師的家，談話之間提到了職場壓力，教授拿了幾個杯子，請每個人自己倒水喝，大家不約而同挑了看起來比較貴、比較好的，而不是普通或便宜的杯子。教授道：「你們需要的是水，而不是杯子，卻下意識地挑選了好的杯子……人生也是一樣，如果把人生比喻成水，工作、金錢和社會地位就相當於杯子，如果你們只把注意力放在杯子上，將永遠無法享受杯中的水。」

我相信大家充分理解了這個故事背後的含義，人生計畫也是如此。如果你到現在一路朝著夢想與目標奔跑，從現在起，多關注一下願望清單吧。

願望清單作為夢想地圖的配角，扮演了你過去沒想過的特別角色，就是「勝利者效應」。所謂的勝利者效應是，一次成功的經驗帶給另一次的成功經驗巨大貢獻的意思，當你把願望清單與夢想地圖相連結，就能享受更多人生中的勝利者效應。

舉例來說，韓國國家足球代表隊要參加世足盃，為了隊員們在比賽上取得好成績，教練和其他國家足球隊協調賽程，除了特殊情況之外，韓國足球隊大多和比韓國弱的隊伍對賽，而在可能的情況下，韓國隊和越多隊伍比賽越好，如此一來，韓國隊選手就能透過經常性勝利獲得自信。理查・康尼夫（Richard Conniff）在著作《富翁的物種源始》（*A Natural History of the Rich*）中說明，白手起家的富翁之所以在意小競爭，正是因為「贏一場小比賽是贏得大比賽的必要條件」。

為何小比賽的勝利經驗會影響到大比賽的勝利呢？這與一種叫睪酮（Testosterone）的賀爾蒙有關。睪酮能打造強壯的肉體，並產生精神上的熱情。熱情充沛的二、三十歲年輕人，隨著年紀增長，睪酮減少，霸氣逐漸消失，熱情也逐漸冷卻。根據研究結果顯示，睪酮數值高的人大多交友廣泛、與人相處融洽、個性活潑、社會地位高。我們在此要了解的，不是年輕人的睪酮數值平均高於年長者，更重要的是，無關年齡，只要人感覺到某件事的成就感，就會分泌睪酮，會帶來堅強的心態，以及更多日後的成就。

在夢想地圖中，為了達到最終夢想，我們制定了中間過程的細部目標，需要熱情、毅力與時間，才能完成每階段的目標。但要是我們在每個目標中間加入一個相對容易達成的願望清單，緩解身心，並在執行願望清單的過程中感到成就感的話呢？實現願望如同贏得一場小比賽，換言之，通過實現願望所獲得的成就感，有助戰勝名為「夢想地圖」這場巨大比賽的各階段主要目標。勝利者效應是廣泛應用於社會心理學與自我增值領域，受到許多驗證的理論。我們在夢想地圖中加入願望清單，就能在生活中經常體驗到勝利者效應。

03 保持夢想與目標的平衡

人生的夢想與目標，常與工作和職業特性綁在一起，有時會讓人感到沈重或壓力，因此，你的願望最好是相較於夢想與目標輕鬆或瑣碎的事，比方說，把「成為暢銷作家」、「Youtube 頻道達到五萬訂閱」設入願望清單並不好，如果這些事對你的生活是不可或缺的，就應該分配到相應的目標中。

「夢想與目標」和「願望清單」應共存的另一個原因是，它們能建立有機的合作關係。主角不可能一個人拍出精彩的電影，需要有人跟在主角後面，偶爾帶給觀眾一些有趣的場面，那就是配角的責任。因此，如果你只懷抱著工作或職業目標生活，生活會變得艱辛，你需要制定能讓自己輕鬆享受生活的願望清單，把各個願望像墊腳石一樣，穿插於主要目標之間，這麼一來，就能繪製出維持「夢想與目標」和「願望清單」平衡的夢想地圖。

英文中有個詞是「工作與生活平衡」（Work Life balance），「Work」指為了夢想和目標所要處理的工作，不過，這裡的「Life」不是一般所指的「生活」，特指「休閒生活」，將之理解為「遊戲、小確幸或娛樂」會更準確。簡言之，「工作與生活平衡」可以解釋為在工作總量與休閒生活總量之間，取得平衡。

請大家不要誤解「工作與生活平衡」，工作與休閒生活不一定要達到一比一的平衡關係，我建議想成把工作與休閒生活和諧地組合在一起。在這裡說的休閒生活，和夢想地圖中的願望清單是一樣的。只有在我們和諧地安排人生夢想與目標，和帶來生活的從容與活力的願望清單，才算是完成了真正的夢想地圖。

請你看著下圖，回想自己的生活吧。X軸與Y軸相交形成了不同的領域，A領域實現了夢想與目標，卻少了生

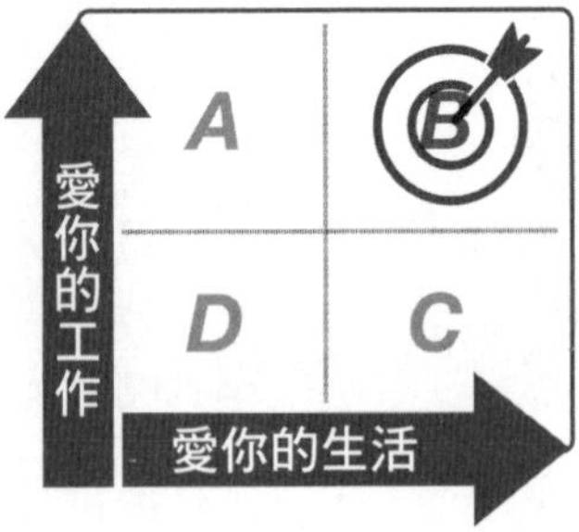

活的質感與從容。C領域和A領域相反，享有生活餘裕，但工作與職業目標成就不足，導致人生整體滿意度下滑。有些人繼承了許多遺產，卻沒有決定好自己想做的事，那種人大多屬於C領域，我們用不著羨慕這類人。

如果有人處於D領域，代表這個人相當不幸福，工作與職業目標成就低，生活還欠缺餘裕，他的生活肯定過得不好。反之，如果有個人處於B領域，工作與職業目標成就高，生活也過得從容不迫，這就是抓住平衡的生活，是我們要追求的領域。我們要適當地協調工作與職業成就，與生活餘裕，讓生活變得幸福。大家不要小看替生活提供餘裕的願望清單，它會變成在實現夢想與目標的過程中，提供推進力的能量。

願望清單沒有統一適用標準，大家可以用單詞進行分類，像是：旅行、興趣、習慣、自我成長、飲食、健康、家人與朋友等。還有，在整理願望清單——正向的獎勵與利他的禮物時，要以自己會遵守的約定為主，我先前說明過，願望清單是為了讓你盡可能體驗勝利者效應而設，因此，你要刪除心底實踐不了的願望，不過也不要用消極的心態制定清單。請你以現在年齡為起點，把容易遵守的願望放在不遠的未來，把實踐起來有些吃力，卻是人生中一定想嘗試一次的願望，擺到較遠的未來。

第八章

人人都能繪製「夢想地圖」

將夢想具體化與視覺化，是把夢想留在常存心中的最佳方式，在這一章，我將分別介紹國中生、研究生、上班族與退休人士的夢想地圖範例，請大家找出適合自己的範例，予以參考。

01 國中生的夢想地圖

幾年前的春節假期，我把夢想地圖介紹給國一的姪子，當假期結束後，我收到他發來的夢想地圖。

在他的夢想地圖中，他似乎被從小到大住在擁擠的大樓困擾著，希望自己八十歲時和孫子、孫女住在兩層透天別墅，過著衣食無虞的生活。而他的夢想是在四十七歲當上機器人科學家（由於這部分是他的人生高潮，因此應該把他的最終夢想視為四十七歲的目標，而非八十歲的目標）。他認為要實現最終夢想，必須在三十七歲時當上機器人研究員；為了成為機器人研究員，他在十九歲時要考進韓國科學技術院（KAIST）。另外，他在夢想魚的腹刺寫的願望是：「全家東京旅行」。這是出於他兒時愉快的日本家庭旅行記憶。

姪子愛看書，看得書比同齡人多，是個百分之百的書痴，不知道是不是因為他對韓半島歷史特別感興趣，他四十歲時想去獨島和鬱陵島[17]旅行，五十歲想蓋兩層樓透天別墅和當講師。整體而言，他的夢想地圖很簡潔。如果你和我姪子一樣，是個不夠了解這個世界的青少年，制定三到四個主要目標即可。對青少年來說，最重要的不是目標有多具體或數量多寡，而是確保你擁有對「人生實質性目標」的明確意識，不用提前擔心夢想會隨時間改變，如果夢想改變了，重做一次夢想地圖就行了。在青少年時期，重要的是你要認知到夢想是人生中的必要對象。

我想告訴青少年關於夢想與目標的關係。第一、因為夢想是學習熱情的堅強支柱，因此，你們的學習要能與夢想相呼應。你們在國、高中六年時間辛苦的準備大學入學考試，但實際上，這六年應該是提高你們未來實現夢想機率的過程，所以，不要盲目地學習，要從夢想中找出自己學習的理由，而如果你們想把夢想作為激勵自己的手段，就算有些生疏，也一定得畫出夢想地圖，讓它成為學習過程中堅定意志的工具。也許你們認為自己升上高中後會改變夢想，

[17] 獨島與鬱陵島均位於韓國東部海域，前者為日韓之間產生主權爭議的島嶼，又稱竹島。兩座島都是韓國戰略要地。

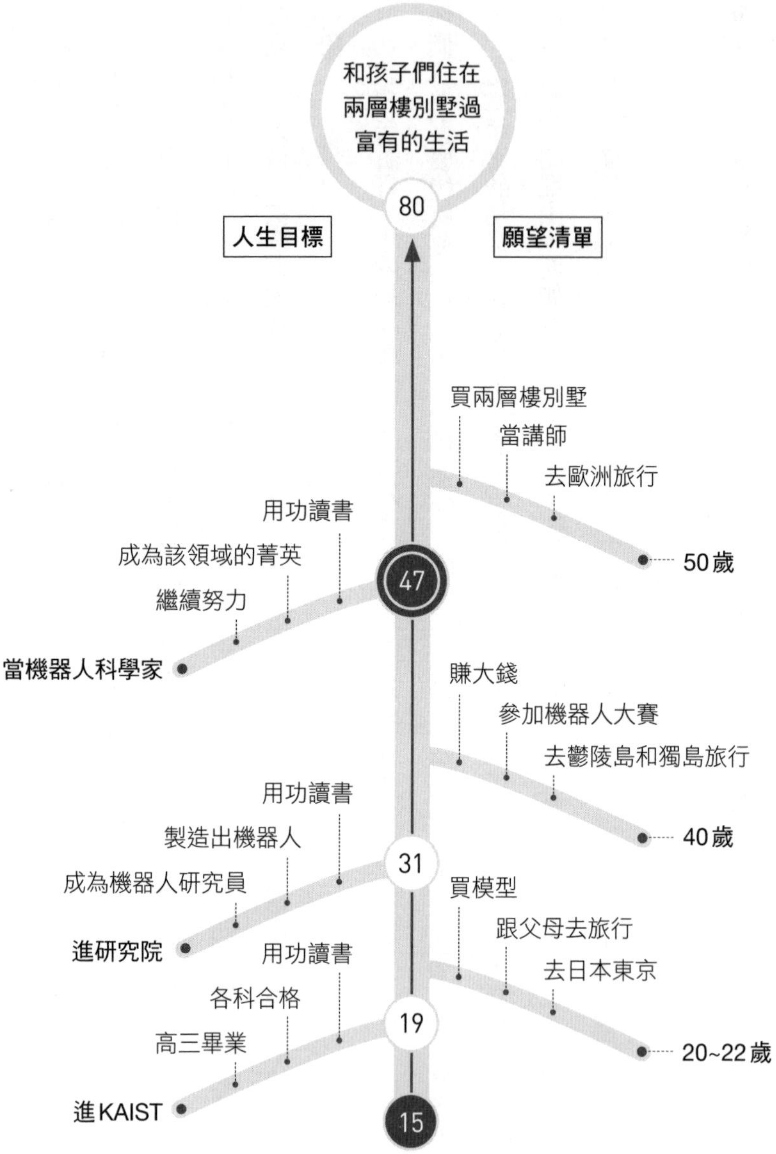
和孩子們住在
兩層樓別墅過
富有的生活
80
人生目標
願望清單
買兩層樓別墅
當講師
去歐洲旅行
50歲
用功讀書
成為該領域的菁英
繼續努力
47
當機器人科學家
賺大錢
參加機器人大賽
去鬱陵島和獨島旅行
40歲
用功讀書
製造出機器人
成為機器人研究員
31
進研究院
買模型
跟父母去旅行
去日本東京
用功讀書
各科合格
高三畢業
19
20~22歲
進KAIST
15

在國中就決定夢想，為時過早，不過，即使改變了夢想，在國中時繪製夢想地圖，仍有助你們增強對自我生活的根本意識。

第二、夢想地圖對高中生來說，是提高準備大學入學考試的專注力與選擇能力的優秀工具。如果你是高中生，夢想地圖會在你準備大學考試時發揮很大的作用。韓國現行大學入學考試制度分成隨時招生與定時招生[18]，不同大學、不同科系的招生標準也不一。在隨時招生中，大學校方會參考學生的學科成績、學生簿綜合評估與特殊專長，錄取優秀學生。而在定時招生中，大學校方參考學生的大學考試成績與特殊專長，予以錄取。在這種情況下，如果你不及早決定目標大學和目標科系，到了最終入學考試之際，你會陷入不知所措的混亂局面，而且在考完入學考試後的一、兩個月內，就要決定報名哪些大學或科系，必然讓你產生心理壓力。然而，要是你在高一先完成了夢想地圖，就能從上面標記的大學與科系為目標，利用未來三年時間，專心拼隨時招生。

[18] 韓國大學入學考試制度分成隨時招生和定時招生。前者類似臺灣的推甄制度，後者類似臺灣的聯考，根據學生參加修能試驗的成績，以成績作為入學標準。

儘管招生政策隨時都在變，不過，大部分大學會在隨時招生中招收七成總招生人數。在隨時招生中，大學校方會通過學生簿綜合評估和自我介紹資料，評價該名學生的潛力、成長可能性與課業成績（有些大學會追加面試）。在書面審查資料上，學生會寫上自己的自主活動、社團活動、公益服務、前程相關活動、讀書活動、得獎經歷等相關經驗，如果你的各種活動擁有「一貫性」，就佔了上風。如果你在高一就做好了夢想地圖，等於確定了將來想做的事，以及清楚自己該怎麼做到，這時候，你就能根據想進的大學與科系特性，準備具有一貫性的活動經驗。舉例來說，假如你的夢想地圖中包含了「考進建築系」的主要目標，那麼你可以踴躍參加建築系相關社團、參加與建築系相關的活動、參加建築比賽、閱讀建築相關書籍等，這麼一來，也有利你寫自我介紹。在韓國，參加隨時招生的學生可以申請六個科系，即使你申請了不一樣的大學，但由於科系相同，所以你只需要寫一份自我介紹。假如你申請六種不同的科系，你就得準備六份不同的自我介紹，除了缺乏效率之外，完成度也不高。

目前韓國大學透過定時招生招收的學生數，約佔總招生人數的三成，即使往後提高定時招生的人數比例，但隨時招生人數比重仍然會高於定時招生。倘若你在高一就做好了夢想地圖，你就能毫不遲疑地準備未來的隨時招生。

02 二十五歲的夢想地圖

讓我們來看看這位金姓研究生的夢想地圖。現年二十五歲的她，懷抱著六十五歲「在紐約成立資訊設計法人公司」的宏遠夢想。為了實現最終夢想，她計劃在四十五歲於首爾設立資訊設計公司，並設定了大學教書的目標。想成為大學講師，她就得成為博士，得在三十五歲時取得資訊設計相關領域的博士學位，並且在研讀博士的過程中，研究出獨創的資訊設計方式，未來可應用在資訊設計公司經營上，增強公司競爭力。另外，她得累積豐富的實務經驗才能創立公司，她打算在二十八歲時培養專業資訊設計能力，成為一名自由工作者，而她會在二十六歲取得碩士學位。在實現主要目標的過程中，她不忘訂立給自己的獎勵，假如她在二十八歲實現了成為自由工作者的目標，她就會去歐洲旅遊，趁機進修英文，提升英文實力。她也計劃假如三十五歲拿到博士學位，要帶父母出國旅遊。倘若她四十五歲成立了資訊設計公司，她會蓋一

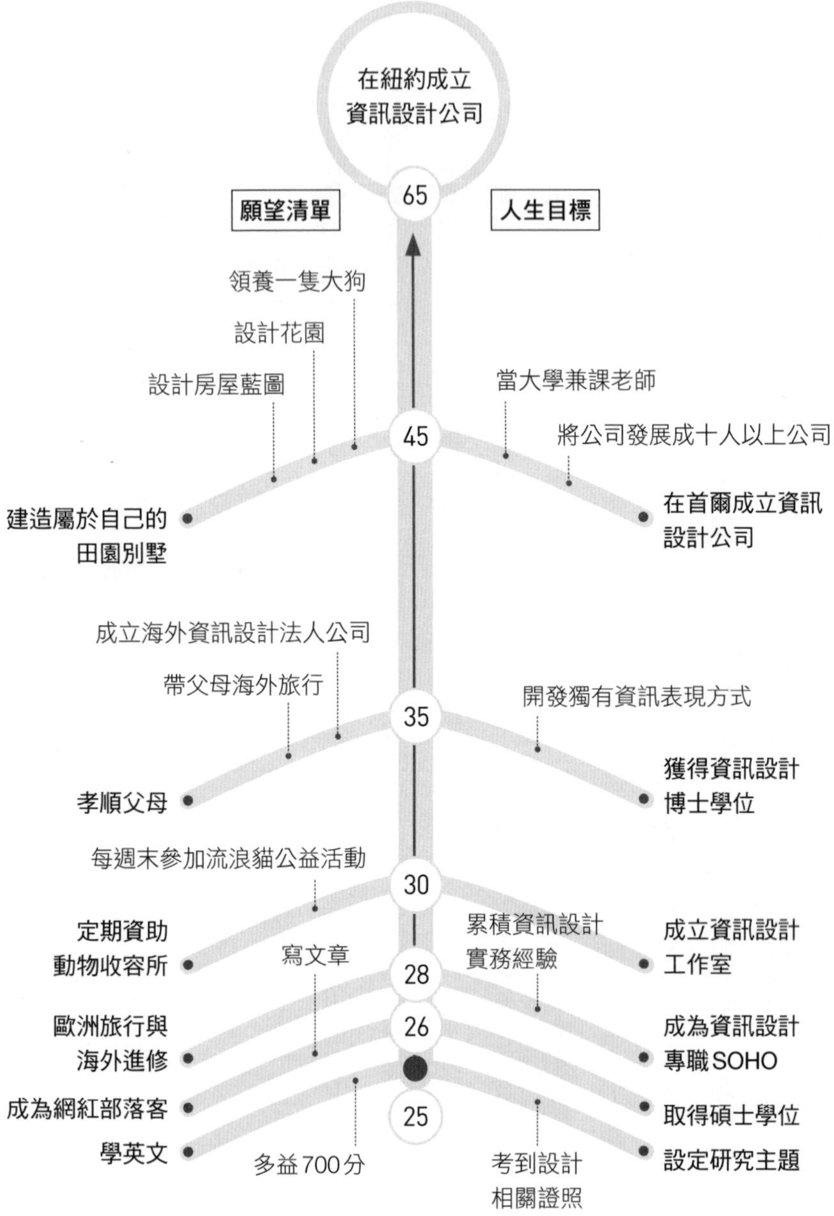

在紐約成立
資訊設計公司
65
願望清單
人生目標
領養一隻大狗
設計花園
設計房屋藍圖
當大學兼課老師
45
將公司發展成十人以上公司
建造屬於自己的
田園別墅
在首爾成立資訊
設計公司
成立海外資訊設計法人公司
帶父母海外旅行
開發獨有資訊表現方式
35
孝順父母
獲得資訊設計
博士學位
每週末參加流浪貓公益活動
30
定期資助
動物收容所
累積資訊設計
實務經驗
成立資訊設計
工作室
寫文章
28
歐洲旅行與
海外進修
26
成為資訊設計
專職SOHO
成為網紅部落客
取得碩士學位
25
學英文
多益700分
考到設計
相關證照
設定研究主題

棟附有小庭園的鄉間別墅和養一頭大狗。她的夢想地圖非常出色，共分成六個階段。

如果你現在是大學生或研究生，你一定要繪製夢想地圖，喚醒自己對未來生活的「未來記憶」，並儲存於潛意識中，以便隨時取用。潛意識具有如下特性：第一、潛意識對圖像的反應大於語言和文字，因此把夢想畫成具體的圖，至關緊要。第二、潛意識會對含有情緒的事物發起強烈的反應。你應該考慮什麼是未來人生最珍貴的東西，將之納入夢想地圖中，把自己的迫切感體現在能幫助你實現最終夢想的主要目標與願望清單上。第三、潛意識分不清現實與想像。假如你不斷地想著自己的理想生活面貌，潛意識會將其與現實連結。繪製夢想地圖，增強你對理想生活軌跡的「未來記憶」，藉此找出不迷路的人生。

希望你不要覺得自己現在過於渺小，退縮不前，不敢懷抱遠大的夢想。一顆披著花紋殼的鵪鶉蛋，不過是個不起眼的蛋白質球狀物，但它具有孵化成一隻鳥的潛力。你的真實面貌也是如此，不要因為自己眼下的寒酸模樣，做出錯誤判斷，放棄未來的面貌。人類的真面目會在新的選擇與挑戰之間展露無遺，現在的你不該被現在的落寞模樣淹沒，應洗刷對未來的茫然恐懼。對年輕的大學生（或研究生）來說，未來的時間綽綽有餘，懂得利用這段時間的人，何須懼怕實現不了夢想呢？

03 上班族的夢想地圖

「我是個平凡上班族，高中時我夢想未來當一個企業家，直到某一天我回過頭，發現自己已經成為一個普通的家長，每天上班，忙工作忙得不可開交，週末得陪孩子玩耍。現在對我來說，夢想是奢侈的，我沒時間追逐夢想。」我在以上班族為對象舉辦的講座時，這是我常聽見的話，也是引起三十到四十歲平凡上班族共鳴的話。

現在是時候改變這種想法了。被現實埋沒，只會徒然留下憾恨。如果你停止作夢，你過去努力生活的時間，將化為泡影般消失無蹤，在日後人生也會找不到證明你生活價值的地方。沒有夢想的人生自然會枯萎。我們越忙碌，越該繪製夢想地圖，利用它替未來生活注入活力。在忙碌的職場生活也不留下夢想的空白期，這件事本身就有充分的意義。

如果你能空出凌晨時間替未來作準備的話會很好，要是不容易，利用上下班時間短短三十

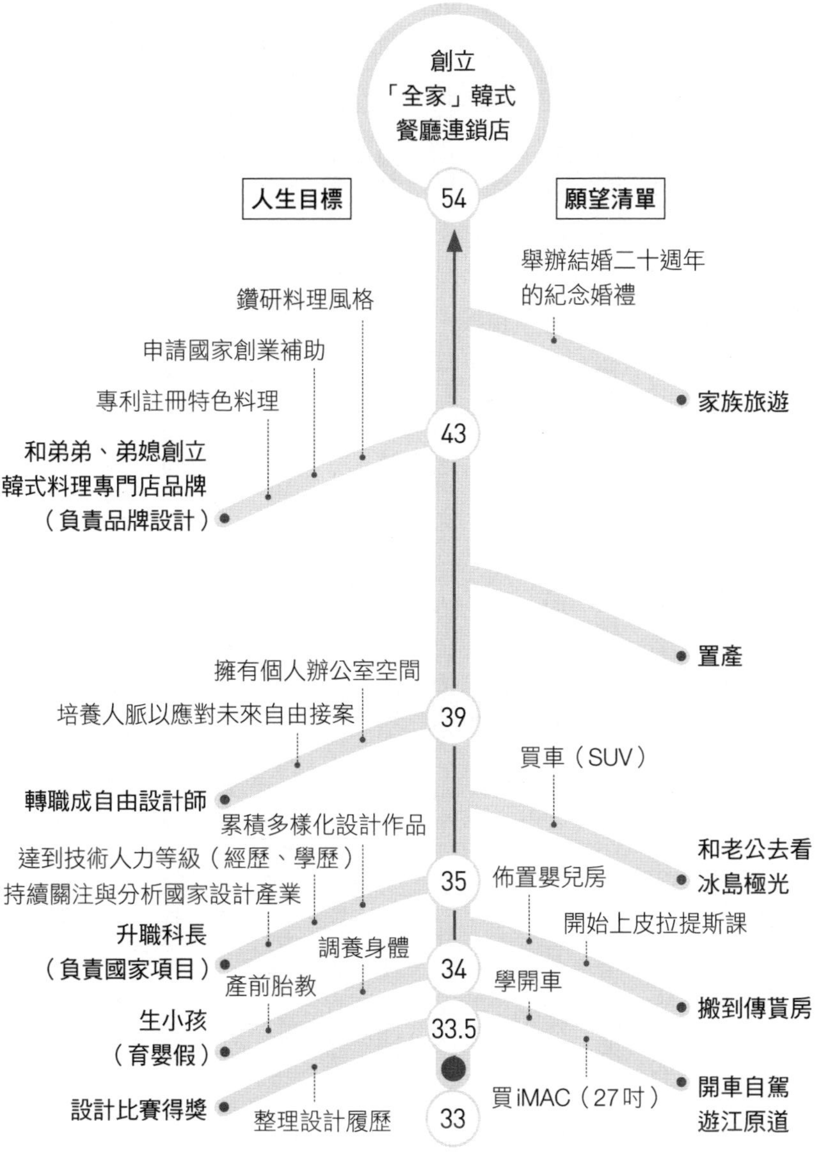
創立
「全家」韓式
餐廳連鎖店
人生目標
54
願望清單
舉辦結婚二十週年
的紀念婚禮
鑽研料理風格
申請國家創業補助
專利註冊特色料理
家族旅遊
43
和弟弟、弟媳創立
韓式料理專門店品牌
（負責品牌設計）
置產
擁有個人辦公室空間
培養人脈以應對未來自由接案
39
買車（SUV）
轉職成自由設計師
累積多樣化設計作品
達到技術人力等級（經歷、學歷）
和老公去看
冰島極光
持續關注與分析國家設計產業
35
佈置嬰兒房
升職科長
開始上皮拉提斯課
（負責國家項目）
調養身體
34
學開車
產前胎教
搬到傳貰房
生小孩
33.5
（育嬰假）
開車自駕
遊江原道
買 iMAC（27 吋）
設計比賽得獎
整理設計履歷
33

分鐘，也應該要做有助你實現未來夢想的「重要的事」。我先說清楚，三十分鐘絕對不短，在第十章裡，我會說明三十分鐘是多麼長的時間，希望大家能參考。

有位全姓女上班族在取得碩士學位後，在製藥公司擔任設計業務。她在學生時期就是一名熱情洋溢、充滿挑戰意識的學生。她先後申請了美國交換學生和海外實習等，現在她三十三歲，她的最終夢想是在五十四歲時「創立全家韓式連鎖餐廳」。她的夢想旅程第一階段是在四十三歲時，和當廚師的弟弟和弟妹，一起開韓式料理專賣店。在這個過程中，她賦予自己「負責品牌設計」的任務。我在第二章介紹過引導人生四種方向的辦法：「工作、休閒、依附關係、利他活動」。其中，我們可以透過與周遭人的利他關係，設定自己的夢想，全姓上班族在與弟弟、弟妹的利他關係的基礎上，發現了自己的夢想。

她從現在算起的半年後，也就是三十三歲半時，要參加「設計比賽」。另外，她想趁年輕時生孩子，由於她很重視這件事，所以她在三十四歲制定了生育計畫。除此之外，她的三十五歲目標是「成為負責國家政策項目的科長」，三十九歲「成為自由設計師」，尋找人生的轉折點，在四十三歲時「和弟弟、弟妹一起開韓式料理專賣店」。

讓我們看看她畫在夢想魚腹刺部分的願望清單吧。她在實現第一個目標後，會購買

iMAC，以及去江原道旅遊；生下小孩後，要佈置嬰兒房，想搬到更大的傳貰房[19]；升職為科長後，想和丈夫去冰島看極光；如果她轉職成自由工作者，經濟條件變好，打算在四十歲出頭置產；五十三歲時，打算舉辦紀念結婚二十週年的「回憶婚禮」（Remind wedding）[20]。

這位全姓上班族是我的學生，我人生中第一次替人主持的婚禮就是她的婚禮，因此，我對她的人生也有著特殊情感，希望她能和弟弟、弟妹一起實現夢想，一家人過上幸福的生活。

⑲「傳貰」是韓國特有的租房制度，租客不需付每月房租，只需支付一筆龐大保證金即可入住，在退租時可以取回全額保證金。而房東則獲得租約期間的保證金使用權，可以用來賺取銀行利息，或進行經營、投資。傳貰金的額度不等，可為房屋價值的三至九成。

⑳指已婚夫妻在結婚紀念日或其他紀念日時舉辦的婚禮。

04 退休人士的夢想地圖

接著，我要介紹的夢想地圖主人，是一名即將退休的小學校長。沈校長和先生一起參加了韓國科學創意財團舉辦的「第七十六屆創意人性教育」研討會。她的先生也是老師，兩人充滿熱情的參加活動不說，還向全部參與者分享了自己的夢想地圖。

沈校長當時五十八歲，她把最終目標設定在九十歲，夢想是成為瑜伽老師和畫家。

讓我們看看她的夢想魚。她分成五個階段的主要目標：她打算在八十歲開「八旬畫展」，因此計劃從五十九歲開始畫畫，並在六十二歲時舉辦第一次個人畫展。她的其他兩個目標是瑜伽老師和語言學習。她打算在七十二歲成為瑜伽老師，六十歲出頭開始學習中文與日文。她之所以設定了語言學習目標，是因為她的願望——為了慶祝退休，她想帶全家出國自由行，想像自己在沒有導遊的情況下，率領孫子、孫女旅行的帥氣模樣。她因為腰不好，幾年前放棄了打

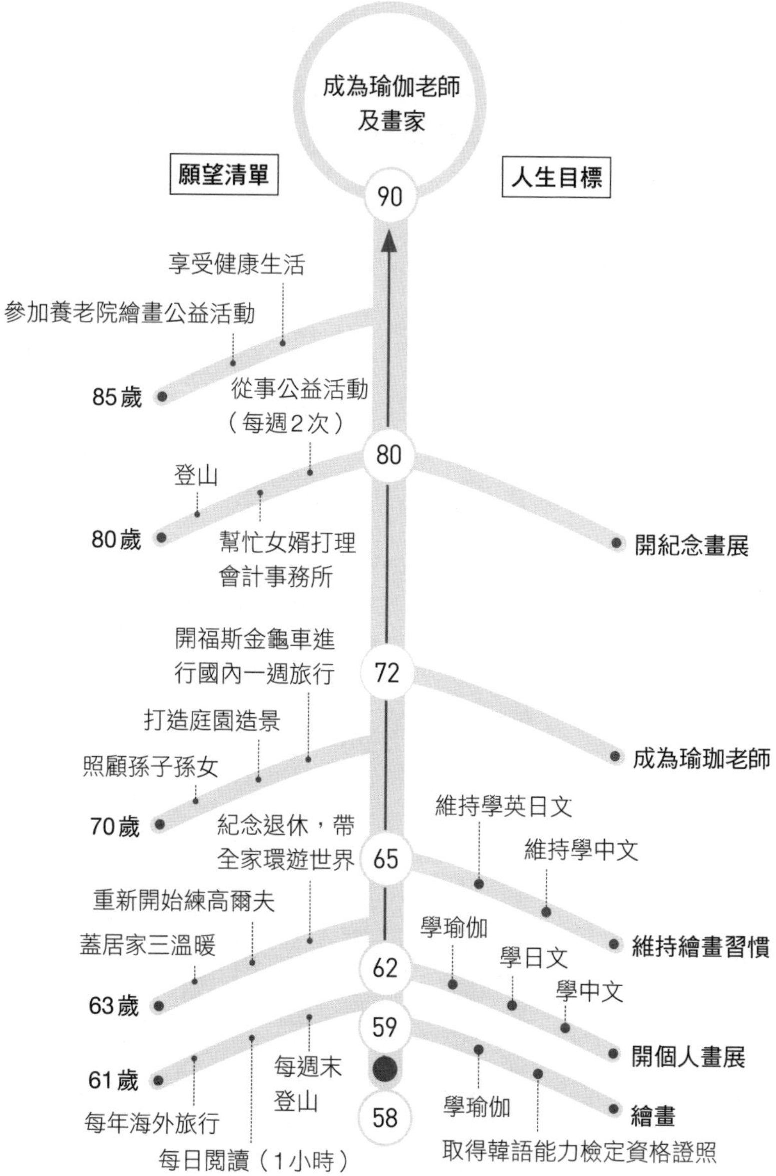
成為瑜伽老師
及畫家
願望清單
人生目標
90
享受健康生活
參加養老院繪畫公益活動
85歲
從事公益活動
（每週2次）
80
登山
80歲
幫忙女婿打理
會計事務所
開紀念畫展
開福斯金龜車進
行國內一週旅行
72
打造庭園造景
照顧孫子孫女
70歲
成為瑜珈老師
維持學英日文
紀念退休，帶
全家環遊世界
65
維持學中文
重新開始練高爾夫
蓋居家三溫暖
維持繪畫習慣
學瑜伽
62
學日文
63歲
學中文
59
開個人畫展
每週末
登山
61歲
學瑜伽
繪畫
58
每年海外旅行
取得韓語能力檢定資格證照
每日閱讀（1小時）

高爾夫，也希望藉由登山恢復健康，重拾高爾夫興趣，因此把這件事列入了願望清單中。還有，她喜歡福斯（Volkswagen）汽車，打算買一輛金龜車，在七十歲的時候開車環遊韓國。不僅如此，她還計劃在八十歲時幫忙女婿打理稅務會計事務所、每週當兩次義工。通常人們逼近退休年齡時，往往更常做的是收尾的工作，但沈校長找到了退休生活後的第二個夢想。

「青春意味著，擁有戰勝恐懼的勇氣與不耽於安逸的冒險心態，只要無線電臺始終矗立在你心中，捕捉著每個樂觀向上的電波，八十高齡，仍舊青春。」這句話擷自薩繆爾．厄爾曼（Samuel Ullman）的詩作〈青春〉（*Youth*）。所謂的青春指的不是特定時期，若心如春天，成長中的八十歲也比停滯不前的二十歲更青春。

根據醫學報章媒體預測，人類即將迎來平均年齡一百歲的時代，在人生中迎來百歲誕辰是件喜事，但我們可能得面對身心健康下滑的狀態，如果我們都能向沈校長看齊，替下半場人生找出第二個夢想，就能同時保持健康身心與人生的品格。

05 製作夢想地圖好麻煩，一定要畫嗎？

有時會有人問我：「教授，我心中有一個明確的人生目標，我天天都把它放在心上，生活過得很充實。人生的珍貴目標像夢一樣，一直放在心底，不表露於外，不好嗎？因為很珍貴，我不想被別人看見，只想留在心裡。」

如果你也這麼想，請盡快拋開這個念頭吧。我們繪製的夢想地圖不是做來給別人看的，是為了自己的人生規畫。夢想不該放在心底，該具體地表現在紙上，為什麼？讓我們看一下「夢想實現度」和「在紙上表現夢想」之間有何關聯。

下頁表 8-1 出自 Job Korea。二〇一八年，Job Korea 被評選為韓國就業服務優秀機構。我們先看表格最下方的D組。有二七％的調查對象靠著政府或鄰居的幫助，屬於D組，他們都是經濟貧困、「不得不接受補助」的人。C組人佔了總調查人數的六〇％，但他們的荷包經常

「吃緊」。讓我們看一下C組和D組對人生目標的具體度。D組沒有人生目標，C組呢？有目標卻不具體，很模糊。

再來看看排名前百分之十的B組。相較前兩組，經濟上相對富裕的B組「心中有具體的人生目標」，最後，排名前百分之三的A組是同時確保了經濟財富和社會地位的階層，那麼，A組與前三組相比，會擁有多具體的人生目標呢？他們心懷「明確記錄下的人生具體目標」生活。我希望大家都能記住這個事實。

我們通過圖表可以看出，成功人士與沒有成就的人之間，有著明顯的差異，那就是「是否明確地記錄人生具體目標」。有百分之六十的人懷抱渺茫的期待，有百分之二十七的人沒

表8-1　人生面貌與目標設定的具體程度

組別	比例	人生面貌	人生目標表現具體度
A組	3%	以自己想要的樣子（財富、地位、受人尊敬）生活的人	有明確記錄自己的人生目標
B組	10%	經濟相對富裕的人	心中有具體的人生目標
C組	60%	荷包吃緊的人	懷抱茫然的期待
D組	27%	領補助金、生活艱辛的人	沒人生目標

出處：Job Korea

有人生目標，這些人都離我們所知的成功人士很遙遠。經濟財富、社會地位、某領域菁英專家或其他，無論是什麼，只要你有迫切想完成的願望，你就一定要制定目標，並且將之具體化。如果大家不將目標具體化，那麼夢想會在某一天消失，想避免發生這種事，大家就得透過文字與圖畫具體化人生目標。

布萊恩．崔西（Brian Tracy）在著作《聰明點》（*Get smart*，暫譯）提到，沒有用文字表達出來的目標，只能稱為願望或希望，目標必須寫在紙上，走出腦海，成為清晰可碰觸的物體。當你把目標寫在紙上時，設定好了目標，你的潛意識會會替目標編碼，執行這道命令。

我希望你能明確地設定實質性目標──夢想，再活用魚骨圖具體化與視覺化夢想旅程。

僅靠想像無法實現目標，要實現目標，就要拋棄模糊的方式，如果你過去只抱著渺茫的期待，或把夢想藏在心底，我建議你果斷的拋棄過去的做法。從現在起，希望你能用魚骨圖具體化夢想最終模樣，存在手機裡，隨身攜帶。這是不讓夢想消失，長存心中的最好方式，就像佛教徒隨身攜帶念珠、基督徒隨身攜帶十字架項鍊般，把魚骨圖存在手機的方式，是為了讓我們能堅守信仰。畫好你的夢想地圖，存入智慧型手機吧，這是最好的方式，有助於你在日常中面對無數決定時，能明智地決定出事情的重要性，每一瞬間都不迷失人生的正確道路。

最後，我會介紹如何指揮與管理夢想，這不僅僅能完成夢想地圖，還能使你在日常生活中享受夢想地圖帶來的好處。為了實現夢想，我會分享一天二十四小時都能有效區分「迫切」與「重要」的方法，還有，我會幫助你判斷擁有夢想地圖與沒有夢想地圖的差異，希望所有人都能學會利用夢想地圖，讓人生每一刻都走在最前方的方法。

PART

3

實現夢想的輔助技能

第九章

辨別人生最重要的事

在日常生活中遇到的許多事中，我們應該以「最重要的事」為中心，進而確定人生方向；得在「雖然不急迫，但重要的事」上尋找人生問題的答案。

01 石子、沙子和水

音樂演奏的形式有獨奏曲、協奏曲和交響曲。如果獨奏曲是為了讓表演者獨自演奏樂器而創作的，那麼交響曲就是為了讓演奏各種樂器的表演者們能和諧演奏而創作的。至於協奏曲，則是為了獨奏樂器和管弦樂能一起演奏而創作的樂曲。

韋瓦第（Antonio Vivaldi）的《四季》（*Le quattro stagioni*）是備受大眾喜愛的代表性協奏曲之一。在《四季》中，多種樂器在第一樂章〈春〉中和諧地演奏，告知輕快又生氣勃勃的春天的到來，接著，象徵愉悅的鳥兒歌唱聲及溪水淙淙聲的小提琴獨奏接棒，就算是不懂音樂的人，聽見〈春〉時，也能清楚知道小提琴是最主要的樂器。

我們的人生與演奏協奏曲相仿，在多種樂器合奏裡，有帶動整首樂曲氣氛的代表性樂器——小提琴。在日常中面對的大大小小事物中，「最重要的事」就是人生的方向，如果我們不聚焦在重要的事上，人生就會變得平淡無味，或變成一首不和諧的協奏曲。

問題是，一天中有太多事等我們處理，公事和家事都不是能簡單搞定的事，一不打起精神，有可能會被這些事情壓垮，或是被工作追逐，變得馬虎度日，最後淪為工作的奴隸，不再是人生的主人。我們該做什麼才能擺脫這種情形呢？想成為抬頭挺胸的人生主人，而不是工作奴隸，我們應該採取何種思維？

首先，我們必須知道有效管理時間的方法，想做到這件事，就要分清日常中各種事情的先後順序，關鍵就在於區分「重要的事」和「不重要的事」，但這並不容易。我們為什麼要區分事情的先後順序？還有到底什麼是重要的事呢？很多時候，人們看似了解，實則不然。讓我舉例說明。

一位教授在大學教室講桌上，放了一個裝滿小石頭的透明玻璃瓶，他問：「這個玻璃瓶滿了嗎？」學生們答道：「是的。」教授微微一笑，邊搖晃玻璃瓶，邊把一碗沙子均勻地倒入了玻璃瓶，又問道：「它現在是滿的嗎？」學生們楞住了。教授再問：「你們覺得這個實驗的意義是什麼？」學生們搖頭，答不出來。接著，教授又往玻璃瓶裡倒水，小石頭和沙子之間填滿了水，他又說：「好，現在玻璃瓶滿了。你們知道我給你們看這個的意義是什麼嗎？」

有個學生舉手答道：「您的意思是就算行程再滿，我們也能利用空檔做更多的事。」教授搖頭回答：「不是的。今天我希望大家通過這個實驗學到，如果不先把小石頭放進去，以後就沒機會放了。」

這是《以關係為導向的時間管理術》（暫譯）一書中介紹的「銳化」概念。「小石頭」是我們日常中要最優先處理的事，「沙子」和「水」則是相對不重要的小事。人生中，我們經常急於處理瑣碎小事，卻推遲真正要事，就像玻璃瓶先被沙子和水塞滿，就裝不下最重要的石子一樣。

首先，你要先學會辨別日常中什麼是對自己最重要的事。這也是我接下來要說明的內容。

02 夢想管理矩陣

在韋瓦第的《四季》中，樂器要互相配合，方能襯托出小提琴的抒情旋律。假如鋼琴和小號等其他樂器的聲音壓過了小提琴，那麼《四季》就不是小提琴協奏曲了。就像小提琴佔據了《四季》演奏曲的最重要地位一樣，我們指揮人生的時候也應該決定哪件事是最優先的，以它為中心處理其他的日常瑣事。

你有沒有過按照優先順序，排出一天的待辦事項呢？如果你想在諸事纏身的情況下，有效處理事情，就必須確定它們的優先順序。接下來，我想介紹「夢想管理矩陣」，希望你能理解並加以善用，如此一來，你就能輕鬆地確定事情的優先順序。

首先，我得先麻煩你做一些事。請先闔上這本書，在紙上寫上今天或明天的待辦事項，舉凡工作會議、整理報告或資料、打電話、發簡訊、替盆栽澆水、晚餐約會、看電視劇等，無論事情輕重緩急，都要列出來。在寫完後，請把它們分成四類：緊急的事、不緊急的事、重要的事與不重要的事。

你能輕鬆地把事情分成這四類嗎？的確有可能會混淆，尤其緊急的事與重要的事，不容易分辨。你不用因為分不出來而對自己失望，我想分享我的經驗，希望它能帶來一些安慰。

我以前是大學領導中心主任，負責和學生商談他們的心理困境與前途煩惱。對我來說，那也是個順便問起學生夢想的好機會。每次諮商，我都會問學生日常中什麼是重要的事、什麼是緊急的事，結果我發現大多數學生分不清緊急和重要。這與就讀科系、性別、年級、能力、才華無關，很多人都不知如何區分它們。

我會依序介紹「緊急的事」與「重要的事」的定義。首先，讓我們一起試著區分「緊急的事」和「不緊急的事」。緊急的定義是當發生某種狀況時，你必須在特定時間內或規定時間內處理好，大部分時間緊迫的事歸入此類。相反地，如果沒有時間限制，或你可以自由靈活調整處理它的時間，就是「不緊急」。

如果你在上學或上班路上摔倒，膝蓋受傷，如果傷口不深，你可以去藥局買消炎藥；如果很嚴重，你得立刻到醫院治療。很明顯地，「去藥局和就醫」就是緊急的事。再多看幾個例子吧。職場上主管交付你任務，交代你今天下班前完成，絕對不能拖到明天，那麼這就是「緊急的事」；你的孩子生病了或有急需你幫忙的狀況，你必須立刻接電話，「接電話」就是緊急的事；你和朋友約好週末一起踢足球，朋友發簡訊問你時間地點，快速回訊不僅是一種禮貌，而且不儘快答覆的話，還會影響到他人的行程，因此，這也被歸類為「緊急的事」。

既然如此，什麼是「不緊急的事」呢？比如說，你期待很久的手機遊戲昨天新上市，遊戲不用一定要今天下載，週末再下載也可以；早上收到了朋友寄來的問卷調查郵件，拜託你下週前幫他填完，雖然有規定期限，但不是今天內要完成的事，過兩天再處理也沒關係；運動鞋太舊了，得買雙新的，但不一定要今天買，週末買也可以，所以，這也不算緊急的事。

讓我們進入更困難的部分，學著區分「重要的事」和「不重要的事」。首先，什麼是「重要」？你可能認為重要就是「貴重的、珍貴的、有決定性的、有必要性的、重大的事」，也就是說，意義和內容具有寶貴價值的事件，就是「重要的事」。那麼，什麼事重要、什麼事不重要呢？請你專心思索，是什麼使你的人生變得寶貴？對你來說，什麼是重要的事？什麼事在你的人生中發揮了重要影響？在思考這些問題時，你所聯想到的答案，就與「重要的事」有關。你現在應該察覺到了吧。這些問題的答案都與本書說過無數次的某個單字有關。

就本質而言，**重要的事就是與你的「夢想」有關的事**。會影響你最終夢想的，就是「重要的事」。如果你有心實現夢想，就得清楚地認識這個概念。讓我更具體說明吧。我們在繪製夢想地圖時，設定了實現夢想過程的中間主要目標，它們會影響到夢想的實現，因此，和實現主要目標有關的事，不分大小，無論直接或間接，全都是重要的事。只要會影響到實現夢想的事，都是今天最重要的事。你想指揮自己的人生，就得明確地了解這個概念，不懂「重要」的真實意義，就與實現夢想絕緣。

既然如此，什麼是「不重要的事」呢？顯而易見地，和個人夢想與主要目標無關的，就是不重要的事。舉例來說，三十多歲的金代理[21]現在在一家家具公司上班，他的夢想是「在五十歲時成為國際家具公司的執行長」。在此之前，他必須實現「成立一家公司」和「生產受歡迎的家具後賣到全球市場」的目標。不過，現在的他只是個負責客戶服務業務的員工。

幾天前，金代理收到了一對新婚夫妻的客訴，反應新買的家具有瑕疵，希望換貨或退款。由於金代理負責服務客戶，所以他得在今天之內想出解決顧客不滿，又不造成公司損失的方案。對金代理來說，這是很重要的事。因為他的夢想是成為全球家具公司的執行長，想成為優秀的經營者，就必須擁有優越的客戶服務技能，提高客戶服務品質才行。金代理得處理好這件事，公司才會認可他的工作能力，提供升遷機會。而將來才可能成為公司董事會一員，有機會嘗試經營一家公司。不懂怎麼提供滿意的客戶服務，或完全沒有企業經營經驗的人，不可能成為優秀的執行長。

除了工作之外，金代理還是名足球迷，自己也是足球俱樂部的一員，絕對不會錯過任何一場韓國國家代表隊的足球比賽。今晚九點，電視會轉播韓國隊與墨西哥隊的國際A級賽事，假如他今晚來不及追直播，隔天一定會上網看重播。對金代理來說，看今天的足球賽轉播重要嗎？這很容易回答。看足球比賽轉播對金代理來說不是重要的事，因為這不會影響他經營家具公司的夢想。不過，如果金代理認為足球賽就是得看現場轉播才有意思，那麼這件事就會成為緊急的事，而非重要的事。

現在，我們學會怎麼區分「緊急的事」與「重要的事」了，遺憾的是，光這樣還不夠。因為日常事務不僅僅分成緊急和重要，而是由四種類型的結合矩陣所構成：緊急、不緊急、重要與不重要。這不難懂，請你參考下頁圖9-1「夢想管理矩陣」。圖上橫軸與縱軸相交，分成了

••

㉑在韓國企業裡，代理的職級相當於專案經理、小組長、基層主管。

「A區：緊急而重要的事」、「B區：不緊急但重要的事」、「C區：緊急但不重要的事」與「D區：不緊急也不重要的事」。

請你把日常待辦事項分別放進這四個領域中。如果事情太多又分不出來，也不要放棄，起碼在每個領域寫下一到兩件事，只有親自動手分類，才能切實地感受到「夢想管理矩陣」的重要性。

接著，請你確認自己是否確切清楚這四個類型的意義。請你把自己分類的項目，和以下內容進行比較。

讓我們回到金代理的日常。三十出頭的金代理，在家具公司工作了三年，目前負責客戶服務。不過，每天忙於處理客戶的投訴

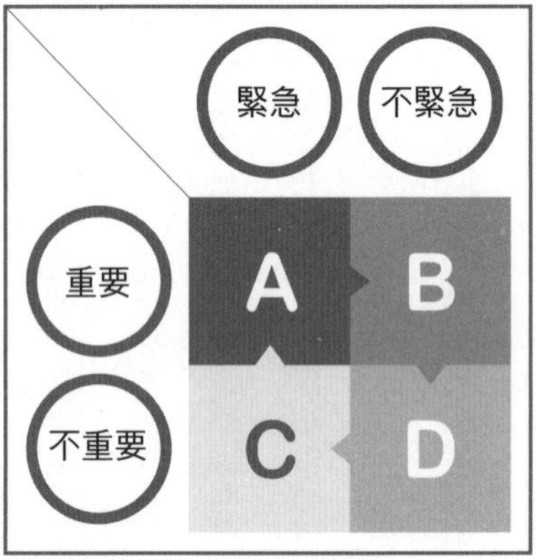

【圖9-1　夢想管理矩陣】

之餘，他也不能殆忽職守。明天金代理要在董事們面前報告上月顧客滿意度評鑑結果，所以今天之內要準備好報告資料。除此之外，他下個月有升遷考試，明年想升科長的他也得作好應考準備。

另外，金代理上個月買了人生第一輛汽車，他愛上開車上下班的感覺，決定要好好保養車子，開越久越好。金代理也喜歡和朋友見面，偶爾會和大學足球社朋友吃飯，他還喜歡用臉書跟人們交流。他的夢想是在五十歲時成為國際家具公司的執行長，要實現夢想，他就得有足夠熱情與毅力，不斷地精進行銷與語言能力，並得抽空蒐集宜家家居（IKEA）或赫曼米勒（Herman Miller）等國際居家品牌的資訊，以掌握市場動向。

金代理今天早上運氣不太好，他在停車場下車時，手不小心被車門夾到，手腕傷勢的嚴重程度非就醫不可，掉到地面的手機螢幕還裂了。禍不單行，他甚至發現昨天忘記加油，汽車儀表上的加油警告燈正亮著，他提醒自己今天下班路上一定要記得加油。

現在我們把金代理的日常結合進「夢想管理矩陣」吧。對金代理來說，今天有八件「重要的事」，包括A區和B區。因為這些事都會影響到金代理實現夢想。

讓我們看看A區「緊急而重要的事」。

1. 去醫院治療是重要的事。如果放任傷口不管，可能會受到細菌感染，表皮發紅、隆起、溫度升高、持續疼痛或化膿等，最糟的情況下，金代理會死，要是死了，夢想就沒意義了。

2. 金代理希望在五十歲時成為國際家具公司執行長，因此得盡忠職守，有效解決顧客投訴，創造提高顧客滿意度的經驗。

3. 如果他沒準備好顧客滿意度報告資料，上司會究責於他，認為他沒有能力，還會反映在人事考績上。

4. 如果金代理沒能在預定時間內升遷，他未來成為公司主管的可能性會降

金代理的待辦事項	緊急	不緊急
重要	A 1. 就醫治療 2. 應對客訴 3. 準備顧客滿意度報告資料 4. 準備內部升遷考試	B 1. 管理健康 2. 學習經營學 3. 精進語言能力 4. 掌握國際家具企業市場動向
不重要	C 1. 幫組員們叫便當 2. 回足球俱樂部的訊息 3. 回家路上去加油 4. 看足球比賽	D 1. 去修手機螢幕 2. 臉書 3. 買新足球鞋 4. 洗車

低，成為理事的機率更是微乎其微。如果金代理想具備經營一間公司的能力，就必須抓住升遷機會。

這些事屬於「夢想管理矩陣」中的A區，是緊急並且重要的事，得在今天內完成，也會直接影響到金代理的夢想。

接下來，我們看一下B區。B區不緊急，但對於實現夢想有一定的重要性。

1. 健康管理是金代理平常就該注意的事，因為不懂得照顧健康的人，絕對不能成為一個企業的領導者。
2. 閱讀經營學書籍，是為了確保金代理具備一個經營者應該有的專業知識，假如他不懂資金與組織管理、提高生產效率和創造收益、行銷策略等相關知識，就有可能作出錯誤決定。對金代理來說，為了成為一名領導公司前進的執行長，學習經營學是很重要的事。
3. 精進語言能力也是同樣的道理。金代理未來想成立的是國際家具公司，為了和國外企業代表以及公司內部各國員工進行順利的溝通，他需要具備語言能力，因此，學語言是不可忽視的要事。

4. 平時掌握國際家具企業的市場動向也很重要。雖然金代理現在只有三十歲出頭，不過，他在往後的二十年都得關注國際市場，培養理解市場脈動與變化。

B區的事情沒有限制完成的時間，所以不緊急，可是很明顯地，B區的事會深遠的影響金代理的夢想。

03 什麼是人生最重要的事？

為了理解「C區：緊急但不重要的事」和「D區：不緊急也不重要的事」，我們得再回顧一下金代理的日常。

我們先看C區「緊急但不重要的事」。

1. 金代理是家具公司顧客管理組的員工。早上組長有指派任務，由於工作繁忙，顧客管理組的人今天中午決定叫外送便當，組長請金代理處理這件事，這是早上一定得處理好的急事。如果太晚訂，便當就會晚送，組員們午休時就會來不及吃到便當。
2. 如果不重視社會禮儀，金代理以後很可能不能繼續參加俱樂部的活動，所以他必須在下班前回覆是否參加活動。這是今天內要處理好的急事。

3. 金代理昨天忘記幫汽車加油，儀表板亮起了警示燈，今天下班路上一定要去加油站，顯然地，如果他不去加油，可能會回不了家。這也是今天內要處理的急事。

4. 今晚有韓國隊和墨西哥隊的足球賽直播，身為足球迷的金代理不想錯過直播，雖然別人可能不覺得，但對喜歡足球的金代理來說，這是今天必須做的急事。

可是，「緊急的事」並不是「重要的事」，人們經常把緊急的事誤以為是重要的事。事實上，緊急的事分成了「緊急又重

金代理的待辦事項	緊急	不緊急
重要	1. 就醫治療 2. 應對客訴 3. 準備顧客滿意度報告資料 4. 準備內部升遷考試 A	1. 管理健康 2. 學習經營學 3. 精進語言能力 4. 掌握國際家具企業市場動向 B
不重要	1. 幫組員們叫便當 2. 回足球俱樂部的訊息 3. 回家路上去加油 4. 看足球比賽 C	1. 去修手機螢幕 2. 臉書 3. 買新足球鞋 4. 洗車 D

要」與「緊急卻不重要」兩種類型。對金代理來說，上面說的都是緊急的事，但不影響金代理實現夢想，所以都不是重要的事。

接著我們來看D區「不緊急也不重要的事」。

1. 金代理今天早上運氣不好。他在公司停車場摔了手機，手機還能用，但螢幕裂開，他得找時間顧客服務中心送修。這是不緊急也不重要的事，這幾天有時間再去就行了。
2. 金代理薛需要了解朋友近況。
3. 雖然想買新球鞋，但它屬於不緊急也不重要的事。
4. 金代理上個月剛買人生中第一輛車，很寶貝車，打算要洗車，不過洗車和加油不一樣，不是今天內必須處理的急事。而洗車也不影響金代理成為國際家具公司經營者的夢想，這個應該不用多解釋了。

從現在開始，我要說明「夢想管理矩陣」最核心的關鍵。如之前所說，金代理一天內要做的事太多了，要高效率地完成這麼多工作，金代理就必須先確定「工作優先順序」。既然如此，在夢想管理矩陣的四個區域中，金代理應該優先處理哪個區域呢？答案當然是「A區」，A區會直接或間接影響到個人實現夢想與目標，而且有截止期限，金代理當然得優先處理。

大家因為答案太明顯而失望嗎？現在失望還太早，我還沒講到重點。換句話說，在這四個區域中，哪個領域的優先順序是墊底的？當然是「D區」。這也是理所當然的嗎？並非如此。我們周遭許多人因為不清楚「重要」的概念，所以分不清什麼事重要、什麼事不重要。會影響我們實現理想與主要目標的事很重要，但正確認知到這一點的人並不多，分不清楚的人，往往會把「緊急」誤認為「重要」，因此有時會忽略真正重要的事，以「緊急的事」為主度過一天；有時也會犯錯，把不緊急又不重要的事擺在最優先。

如果有人把D區的事放在第一位，會怎樣呢？這個人和未來夢想、主要目標絕對不可能成為朋友。講到這裡，我想起了蘋果創辦人史蒂夫・賈伯斯（Steve Jobs）的名言，他強調：「判斷不應該做的事和判斷應該做的事，一樣重要。」別讓不緊急又不重要的事成為日常優先考慮的事，這個領域喜歡接近失敗的人，遠離成功的人。

普通人會把緊急視為優先處理的事，因此，常以「A區」與「C區」為中心，決定工作的優先順序。但我希望正在看這本書的你，從現在開始更關注「B區」，也就是不緊急卻重要的事。因為即使你不關注「A區」和「C區」，你也會因事情的急迫性而做出本能的反應，但只要你稍微忽視「B區」，就很容易在日常生活中錯過它，這也是為何這本書最重視「B區」。

請你想一下在工作中要處理的事，試著整理，看看裡頭有沒有和實現未來夢想與主要目標相關的「重要之事」，你卻因為不緊急而一再拖延。我希望你一定要記住，在「夢想管理矩陣」的四個區域中，日常生活的主角是「B區」，這是核心中的核心（見圖9-2）。

嚐到成功滋味的人擁有的好習慣之一，是他們會為了未來，投資今天的時間，將其

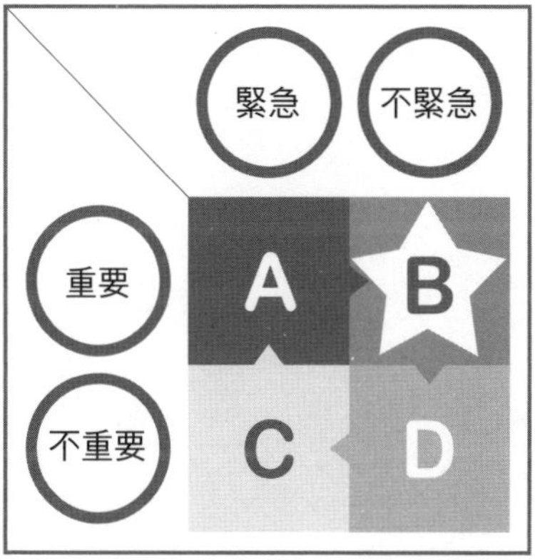

【圖9-2　夢想管理矩陣】

慢慢累積。大家應該要列出有助於實現未來夢想與目標的「重要的事」，然後分配自己的工作與時間，舉凡健康管理、經營人際關係、語言學習、閱讀經營管理相關書籍等，都包含在內。

從現在開始，為了自己的事，一定要做好「不緊急卻重要的事」，也就是「B區」的事。這是實現人生夢想的祕密之一，詳細原因我會在後面說明。不過，希望大家不要忘記這是人類歷史上已經反覆驗證無數次的事實。

假如你能在日常生活中，區分出什麼是對自己最重要的事，並以此為中心充實生活，每個人都一定能實現夢想。

第十章

正確投資你的時間

為了打造屬於自己的「奇蹟早晨」，在早上起床後，優先做加值領域的工作。

01 將一天分成三種時間

我們可以把一天二十四小時分成三種領域：基礎領域、工作領域和應用領域。「基礎領域」包括為了維持生存與生活，必不可少的睡眠與吃飯時間，還有上下學或上下班的通勤時間。如果你是學生，就得上課、寫作業、準備比賽作品；如果你是上班族，就得處理業務、接待客戶、準備會議資料；如果你是老師，就得備課、和學生進行諮商、出考題和改考卷，這些就是「工作領域」。在一天二十四小時中，除了基礎領域與工作領域之外，還有其他的時間，那就是「應用領域」。這個領域意味著你能用來擴大自己生活，投資在自我成長的時間。代表性的活動有：運動、閱讀、學習外語、整理和培養興趣愛好等等。

想實現夢想，就必須適當掌控每天的二十四小時。所謂掌控，指的是按照一定的原則分配與執行活動的行為，換言之，你如何分配這二十四小時，還有在分配的時間裡，如何達成實現夢想所需的「重要的事」。

普通人傾向把工作領域的事當成重要的事，可是，實現人生成就者的想法和普通人不同。他們不僅把工作領域，也把應用領域的事當成「重要的事」。為什麼他們會這樣做呢？讓我們重新回顧第九章內容，「所謂重要的事，就是會影響自己實現最終夢想的事」，更進一步地說，這些事和你為了實現夢想而分階段制定的主要目標，有著直接或間接的關係。而重要的事有兩種，一是「緊急而重要的事」，另一則是「不緊急卻重要的事」。

為了幫助理解，我們再回顧一下夢想管理矩陣。「A區」是緊急又重要的事，「B

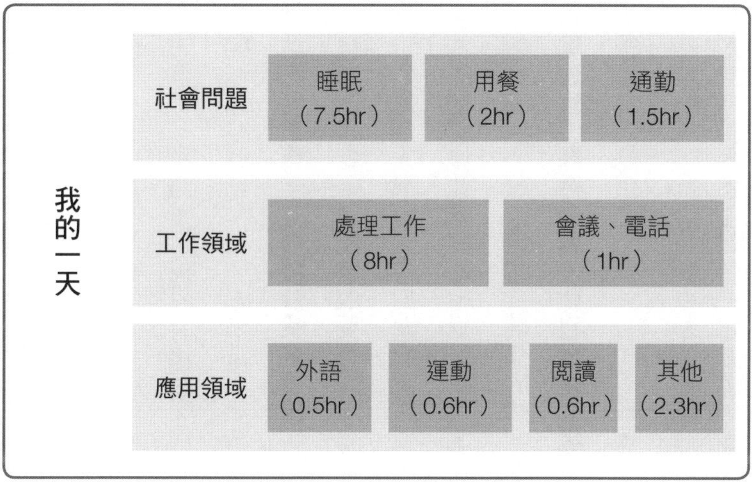

區」是不緊急卻重要的事。**實現夢想的人和實現不了夢想的人的差異，體現在對B區的認知上**。普通人習慣把重要的事侷限於工作領域，但實現夢想的人會充分利用工作領域與應用領域，也就是說，他們會處理好不緊急但對實現夢想有影響的事，有效地利用應用領域的時間。

在工作領域中發生的重要之事，主要是「緊急又重要的事」。我們在學校或公司被交代的事，常常是有時限的，而且對實現夢想有很大的影響。假如你忽略專業學習，未來當然無法在相關領域實現自己的夢想。職場也一樣，假如你沒能妥善地處理業務，就很難升職，所以，你必須有效處理工作領域中發生的「緊急又重要的事」，一旦怠惰，就不可能實現夢想。

但如果你覺得處理好工作領域的事就行了，那就糟糕了。每個人很容易會對緊急又重要的事做出反應，就算不在意，但因為事情的急迫性，大家會本能地想快速處理好。但是除了工作領域之外、除了緊急又重要的事，你還需要注意什麼呢？答案在「不緊急卻重要的事」中，**也就是那些你覺得明天、一個禮拜後、一個月後或一年後再處理也沒關係的事**。我建議你從現在開始集中精力，學會去做一些不緊急卻重要的事，因為你很容易忽略這些事，一旦稍有鬆懈，就很容易錯過它。

你會利用工作領域完成緊急又重要的事，但緊急又不重要的事不是這樣的。不要忽略這些事，要天天做。希望你能從一天發生的無數事情裡，挑出不緊急卻重要的事，利用一天中的「應用領域」完成這些事，以便啟動夢想的動力，讓這些事和你的夢想旅程相輔相成。

02 分配到加值領域的時間

儘管時間分配因人而異，但就大多數的人來說，基本領域約十一小時，工作領域約九小時，合計二十個小時。一天二十四小時扣掉二十小時後，剩下四小時。這四小時就屬於「應用領域」。我建議你把應用領域一分為二，變成「剩餘領域」和「加值領域」。剩餘領域可以視為休息時間，建議分配兩小時到兩個半小時，在這段時間內，從事休閒活動或放輕鬆都沒關係。接著，將剩下的一個半到兩個小時分配給加值領域，去進行實現夢想的生產性活動。

所謂的加值領域，指的就是除了吃、睡與工作之外，創造生活額外特殊價值的領域。這裡說的不是單純的休閒活動，而是讓你靠近夢想的生產性活動。也就是在一天的待辦事項中，明明會影響實現夢想，但因為不緊急，你一拖再拖的事，簡單來說就是「不緊急卻重要的事」。從現在起，請你把這些「不緊急卻每天都得進行的重要的事」找出來，分配到加值領域，然後再評估需要多長的時間完成。

我們得再次召喚先前的金代理了。金代理現在三十多歲，最終夢想是在五十歲成為國際家具公司的執行長。對金代理來說，管理健康、閱讀經營學相關書籍、學習外語等都屬於「不緊急卻重要的事」，所以，金代理應該把這些事歸入加值領域，接著考慮如何分配時間。分配時間時，不要用一小時為單位，最好用十五或三十分鐘為單位分配時間，因為時間短，能提高處理事情的效率與完成度。在四小時的應用領域中，扣除剩餘領域，其中約有一個半小時到兩小時屬於加值領域。**建議各位用十五分鐘或三十分鐘為單位，切割加值領域**。

早上一睜開眼睛，我們就要先做加值領域的事。如果你將運動、學英文、閱讀經營學等列入加值領域，就得在上班前處理完這些事。假如時間不夠，就必須挑出最重要的那件事。也許有人會想，為什麼一定要在上班前完成？理由顯而易見。這是為了確保我們每天都能進行重要的事，以創造未來的附加價值，從而創造出「奇蹟早晨」。

如果你把加值領域的事安排在一天結束後，也就是晚上，你很難持續這個習慣兩、三個月以上。因為我們的日常會出現很多變化，經常有意外發生，舉例來說：下班後的晚上，我們常會安排與朋友的聚會，而且很難一吃完晚餐就散會，各自回家；如果是喝酒，那就會更晚了；

生日聚會或家庭聚餐也大多在晚上進行。因此，如果我們把重要的事安排在晚上，會破壞習慣的養成，能夠創造生活附加價值的重要之事，會一直挪後，當這種事一而再、再而三發生時，夢想就會離我們越來越遠。因此，**請你在一天的待辦事項中，決定出事情的優先順序，然後一大早先做重要的事**。當你優先處理重要的事的次數越多，你對生活也會越有自信。

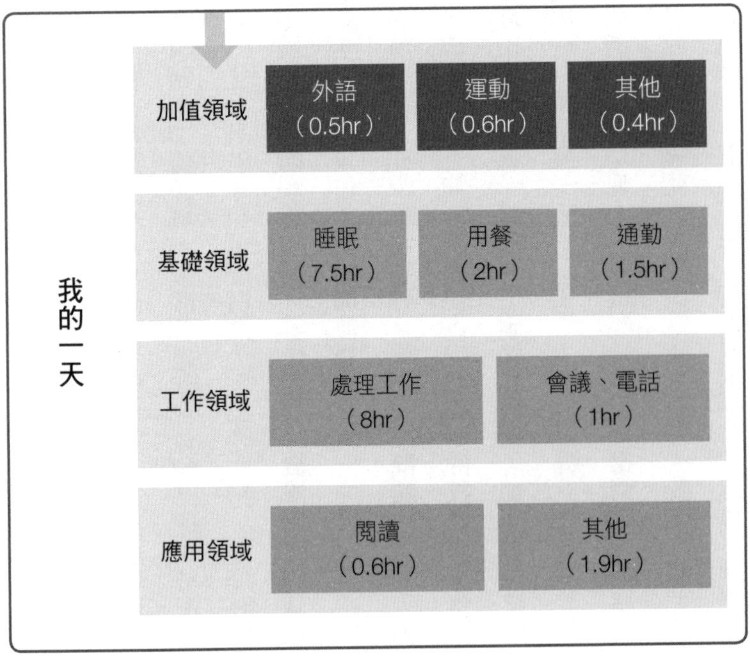

03 一天三十分鐘的用處

請大家看看下頁圖「不要浪費生命」。很遺憾地，我沒找到韓國人的統計數據，這是幾年前美國人消耗時間的統計數據，並將其代入韓國人的平均壽命，重新整理而成。美國人的平均壽命為七八．一年，而目前韓國人的平均壽命為八一．四年，再加上美國人與韓國人的生活方式不同，因此，圖表內所能提供的資訊，多少會有落差。不過，還是有很多值得我們注意的內容，請大家稍微參考一下。

普通人大約花十七年的時間看電視；二十二年的時間睡覺；四年的時間旅遊；九個月的時間運動；九年的時間進行家庭活動；三年的時間上網。為了實現未來的夢想，我們應該減少某些領域的時間，並分配到加值領域，藉此完成重要的事。至於該減少哪個部分，在上網時間部分，基於韓國網路速度比美國快，我估計韓國人的上網時間會更長，無法減少。還有，我們不

不要浪費你的生命

韓國人平均壽命為81.4歲

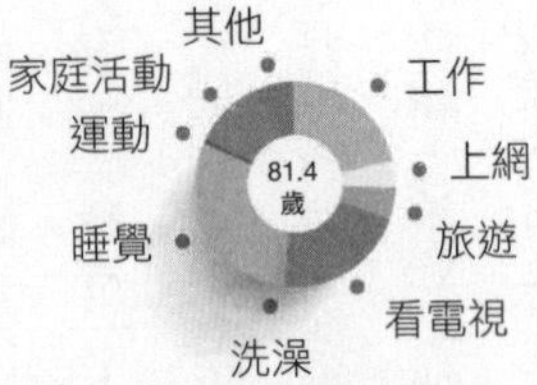

韓國人平均壽命
與消耗時間的方式

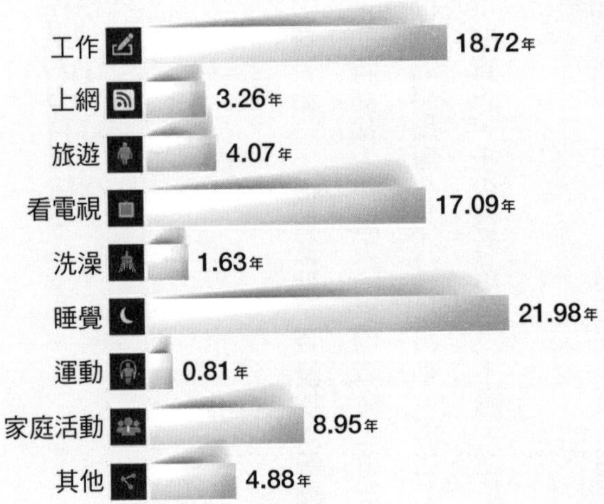

應該減少旅行、運動和家庭活動的時間。因此，我們只需要減少看電視和睡覺時間，就能改變人生。

部分放大後，請大家注意下面這張圖，就能看出一天多出三十分鐘，累積下來能成為多可觀的時間。

一天多出五分鐘，累積一年，就能獲得一．二七天的時間；如果一天多出三十分鐘，一年下來就能獲得七．六天的時間（三十分鐘×一年＝一〇九五〇分鐘＝一八二．五小時）。這裡的七．六天是完完整整，沒有其他多餘事情打岔的時間，也不包含睡覺、吃飯、通勤和工作的時間。這是什麼意思？韓國人花在基礎領域的時間約十一

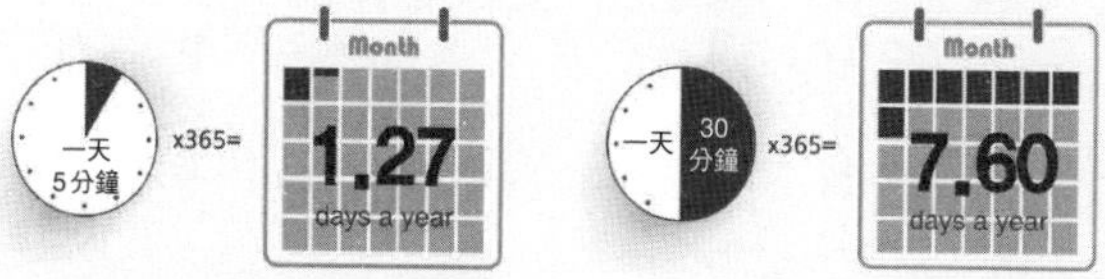

一天 多出時間	累積一年	累積合計時間		
		分鐘	小時	日
5分鐘	×365日	1,825分鐘	30.4小時	1.27日
30分鐘	×365日	10,950分鐘	182.5小時	7.6日

小時，花在工作領域的時間約九小時，兩個領域的時間合計約二十個小時。一天二十四小時扣除二十小時，剩下四小時。如果我們每天拿出四小時替未來作準備，將前面說的一八二・五小時（七・六天）分成每天四小時的話，夠使用四五・六天。也就是說，長達一個半月，我們每天都擁有四小時的自由時間。

如果給你一個半月、每天四小時的自我進修時間，你會做什麼呢？以我為例，我每年都必須作研究，到研討會發表論文，如果我擁有一個半月、每天四小時的加值時間，我就能完成一篇在研討會上發表的論文。我的意思是，這段時間比想像中長得多。如果我們每天都能確保至少空出三十分鐘，並充分地利用它，會對我們實現夢想大有幫助。

7.6 日＝182.5 小時

182.5 小時÷4 小時＝能用45.6日

第十一章

攤開夢想的力量

我們絕對射不中看不見的靶。當你製作夢想地圖，你就會看見道路，引領人生走向正確方向。如果沒有夢想地圖，就會陷入陷阱，選擇「容易的路」，而不是「正確的路」。

01 七秒加法遊戲

在死亡之前，我們有個必須解決的問題，那就是接近人生的本質性目標——幸福。明明是人生重要問題，我們周遭卻很少有覺得自己幸福的人，為什麼會這樣？人們並不是不知道幸福的意義，而是因為不知道接近幸福的方法。想變得幸福的第一件事，就是找出人生的理由與價值；第二件事是制定有理由與價值的人生計畫，也就是制定能說明人生目的的故事情節；最後是在引領人生計畫的軸心上，定位人生的實質性目標——夢想。總之，要想接近幸福，就要準備好實現夢想的宏大藍圖「夢想地圖」，通過它明確地認知自己的人生目的，才能作好準備，走向幸福。

但是，如果你在現實生活中，還沒體會到設定夢想與目標的重要性，該怎麼辦呢？雖然夢想地圖很有說服力，但製作它還是很麻煩的事，假如你依然這麼認為，希望你能參加下面介紹的「加法」遊戲，通過這個遊戲理解為什麼製作夢想地圖如此重要。

這個遊戲只需要大約七秒鐘，不需要特別準備道具，只要打開 Youtube 就行了。一個人進行或和朋友一起進行都沒關係。我先聲明，下方圖片沒有印壞，是因為在遊戲開始前看見數字的話，就會提前知道正確答案，才做了模糊處理。

讓我簡單介紹遊戲的進行方式。你會進行五次的加法運算，只要在每個階段大聲地喊出你得出的加法結果就行了，關鍵在於不能考慮太久，用最大的聲音儘快地回答。如果你看見了一〇〇〇，就大聲喊出一〇〇〇；看見一〇〇〇＋四〇就大聲喊出一〇四

https://youtu.be/dyiZWO_rL2E

○；看見一○○○+四○+一○○○就大聲喊出二○四○。

請大家現在上網吧，用手機進行遊戲的話，螢幕太小，效果會稍微打折扣，請盡量在電腦上進行。在開始遊戲之前請注意：你要在每個階段有自信地大聲喊出運算結果。只有遵守這項規則，才能透徹領悟遊戲的意義。希望你嘗試過後，能推薦給家人朋友，比較你喊的答案和其他人的答案。請大家不要忘記，這個遊戲看似簡單卻蘊含重要意義，在遊戲結束前先別翻到下一頁。

02 七秒加法遊戲背後的心理學

玩完加法遊戲了嗎？你是不是感到奇怪？每次我舉行夢想地圖講座時，最後都會和聽眾玩這個遊戲。結果總是不出所料。聽眾異口同聲，充滿自信地喊出「五〇〇〇」。但正確答案是「四一〇〇」。正在看這本書的你，最後一刻也大聲喊出了五〇〇〇吧。你從「一〇〇〇、一〇四〇、二〇四〇、三〇七〇、三〇九〇、四〇九〇」，然後在最後一個階段喊出了「五〇〇〇」。

不用因為算錯簡單的加法而自責，大多數的人都喊出了五〇〇〇。為什麼人們喊不出正確答案四一〇〇，反而喊了五〇〇〇呢？是因為不會算數嗎？是智力出了問題嗎？

現在我要說明理由，這牽涉到人在看不見時的心理作用，在心理學中稱之為「完形心理」（Gestalt Theory）。人類每天都要面對充斥無數資訊的世界，在過程中，我們的大腦喜歡通過過去熟悉的概念作為線索，以更簡單、簡潔的形式處理資訊和理解世界。舉例來說，大家可以看見下圖是「三個缺一角的黑色圓形」加「以六十度折起的三條折線」。然而，因為圖形太複雜且不完整，因此我們的大腦並不是這樣感知每一個圖形。大腦處理上圖的資訊時，是把圖轉換成熟悉的概念，進行解釋，因此大腦不認為它是「三個缺一角的黑色圓形」加「以六十度折起的三條折線」，而是認為「三個完整的圓形」、「一個黑線三角形」與「一個隱形的白色倒三角形」。這是因為我們在日常中，比起「缺一角的圓形」，更熟悉「完整的圓形」；比起「以六十度折起的三條折線」，更熟悉「一個三角形」所致。因為我們的記憶中早已儲存了這些圖形概念。總之，這是因為「完形心理」發揮了作用，它不把多個模糊的圖形當作個體識別，而是整合成一個完整體一併處理。

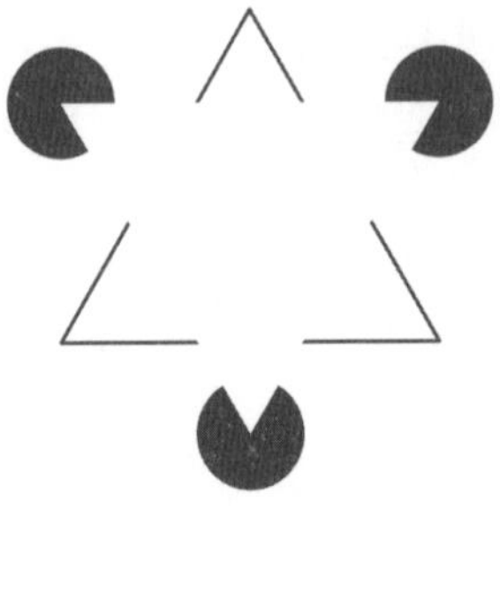

「完形心理」是指把「模糊的各個要素整合為一個完整體，進行識別的心理」。在知覺活動與認知活動中，人類的大腦傾向觀察對象的整體性，而不是拆分個別的特性或細節。也就是說，人類在認知事物時，大腦不接受「所有的部分要素」，因為會看起來很複雜，而且有時會被認為是不完整資訊，人類的大腦會簡化對象以處理資訊。這也是為何我們追求體現每個要素之間關係的「完全整體性」，而非個別要素。

下圖也是一樣。不會有人把下面這三個表情符號，拆解成一個個特殊符號理解。比起單獨存在的標點符號，人們傾向把這些符號整合為顏文字[22]（微笑的臉、不悅的臉、驚訝的臉）。人類的大腦在接受日常中的資訊時，傾向認知整合的方式，這對我們產生了巨大的影響。

再介紹兩個關於完形心理的實例。如果你曾當過兵，應該有著夜間站哨的經驗。在黑暗中你拿著步槍盯著遠處的樹林，專心盯著樹林兩到

㉒ 指在文字訊息中，用數個標點符號組成臉部表情，來傳達心情、情緒的網路文化。

;-)　　:-(　　;-0

【微笑的臉、不悅的臉、驚訝的臉】

三分鐘，因為草叢、樹木與周遭事物的影子交疊，再加上月光或風，就會產生樹林中好像有人和動物的感覺。這是因為人類會在不知不覺中，把資訊轉換成熟悉的已知資訊，並進行理解。在這種情況下，人類的大腦通常會從記憶中提取熟悉的事物，把影子識別成人或動物。所以，前往南北韓邊界前線崗哨的士兵，會先接受事前教育，警告他們不能集中在同一個事物上超過一分鐘，因為一個不注意，他們可能誤判是敵軍，扣下板機，造成全體軍士不必要的緊張感。

人類傾向接受完整型態，而非不完整型態的心理，也體現在畫家們的作品上。以朝鮮時代知名畫家金弘道為例。韓國教科書上介紹了許多他的風俗畫作品，如《舞童》等。金弘道畫完後，最後會在畫的下方落款，蓋上刻有他名號或名字的印章，才算完成該幅作品。如果少了最後這個動作，該幅作品就不會被承認是他的畫作。不僅是金弘道如此，所有的畫家在畫完成的最後一刻都會落款，這個行為的背後間接受到了完形心理的影響。

我們都處於某種追求完美的心理抑制狀態，傾向把某一對象看得更完美，下一部分，我會回到前面的「七秒加法遊戲」，具體說明完形心理如何影響到這個小遊戲。當你理解之後，就會知道為什麼自己喊出了錯誤的答案。

03

遊戲和夢想地圖的關係

是時候揭開隱藏在遊戲中的真相了。請你回想我之前交代過的：在分階段進行加法運算時，盡可能快速並大聲地回答：「一〇〇〇、一〇四〇、二〇四〇、三〇七〇、三〇九〇、四〇九〇」，在倒數第二個階段時，加法運算結果為四〇九〇，但你接著喊出的不是四一〇〇，而是五〇〇〇。我們的大腦究竟在背後發揮了什麼心理作用呢？沒錯，就是被之前所說的「完形心理」所支配。

如果有充足的時間解題，人人都能輕鬆喊出正確答案四一〇〇，但由於計算的時間不多，必須直覺地喊出答案，大腦在那一刻為了讓不完整數字變得完整，陷入了遊戲中隱藏的完形心理陷阱，讓你喊出了五〇〇〇。

我相信你現在對完形心理有一定的了解，接下來我要講的是更重要的事。

請你思考一下，有沒有辦法能讓每個人都能輕易地喊出正確答案，讓每個人都成為七秒加法遊戲贏家，也就是說，讓大家都順利喊出四一〇〇的方法？

請你思考一下這個問題。其實答案非常簡單。如果我們從一開始就用下圖的方式解題，如果不按Youtube 影片那樣依序展示數字，而是一開始就把所有數字展開，進行加法運算的話，我們只需稍微計算一下，就能很輕鬆地算出四一〇〇。

大家應該能猜出這與本書介紹的「夢想地圖」有什麼關聯。其意義就是，如果你能親眼看見人生旅程的「全圖」，就能減少旅程中的失誤機率。全圖指的就是「夢想地圖」。如果你一開始就按有著階段性目標的夢想地圖生活，就會減少作出錯誤判

```
     1,000
+       40
     1,000
+       30
     1,000
+       20
     1,000
+       10
──────────
```

【為了一眼看清所有數字，全部展開的七秒加法遊戲】

斷的機率。要是沒有夢想地圖會怎樣呢？要是你過著即興的每一天，會怎樣呢？你的人生可能會陷入迷宮，或在中途走上錯誤岔路，無法期待到達最終目的地——夢想。

就像在「七秒加法遊戲」說出了錯誤答案一樣，大腦只要稍微鬆懈，就會自動選擇容易的路，而非正確的路。不要放任自己，迴避面對與未來有關的事，放任自己未來不管的人，絕不可能實現夢想。為了經營自己的內心，你要有人生的宏遠藍圖。繪製夢想地圖，設定最終夢想，並樹立能到達最終夢想的主要目標，才能在正確的道路上奔跑。

如果你把人生計畫模糊地存在心底，缺乏「夢想地圖」這樣的具體畫面，就會在生活中屢屢犯下七秒加法遊戲出現的錯誤，明明存在理想人生的正確答案，卻在不知不覺中踩下了陷阱，而無法實現夢想。假如擁有夢想地圖，情況就會變得不同。當你把夢想地圖貼在書桌前或存入手機，帶著它一起生活，就有很大的機會接近屬於自己人生的正確答案。要想找出人生舞臺的正確答案，就不要錯過人生的實質性目標「夢想」，與支持夢想的「主要目標」。為了實現自己的寶貴夢想，你一定要繪製夢想地圖。

看不見的靶是絕對射不中的，沒有夢想，盲目地前進，絕對無法引領人生走上正確道路，希望大家一定要按書中介紹的方式，製作夢想地圖。

04 藏在夢想地圖裡的五種力量

希望大家都已經通過前面的七秒加法遊戲，領悟視覺化夢想的重要性。如果還有人不理解遊戲背後的意義，也不用擔心。接著我會整理為什麼夢想地圖能實際幫助到我們實現夢想。

第一種力量：成為人生的真正主角

我們必須理解無法實現夢想者的典型特徵。回顧一下第八章介紹過的表格「人生面貌與目標設定的具體程度」。

無法實現夢想者的第一種類型是「沒有明確設定人生目標」。根本沒有人生的實質性目標（夢想），和人生實質性目標停留在渺茫的期待，這兩種人是絕對實現不了夢想的。為了接近夢想，我們不能讓夢想模糊地存在腦海中。

綜上所述，我們一起來思考夢想地圖吧。在夢想地圖的第一階段，你該做的是，在連結現在年齡與未來的時間軸上，設定最終目標。這個簡單的過程隱含重要的意義，代表你宣告了自己的夢想，用文字或圖片確定了自己的人生目標與前進方向，而不是像過去一樣朦朧地存在腦海中。你宣布了全新的「自我」。只有和自己許下了遠大的約定後，我們才有資格成為自己人生的主角，而非被他人主導人生。

第二種力量：讓未來的人生面對現實

請回顧第四章介紹的「時間鳥瞰」。「時間鳥瞰」指的是放遠看自己的一生。無法實現夢想的人近視短利，誤將人生看成即將發生的事，以「我一年後會在A公司工作」的方式，展望未來、設定目標。夢想地圖則完全不同，它會幫助我們展望二十到三十年後的未來，記住我們設定了什麼夢想與目標，說出自己的最終夢想，以其為基礎，從而制定十年後、五年後、二年半後、一年後的主要目標，我們的思考方式會是「為了實現二十年後的最終夢想，我明年一定要進A公司工作！」像這樣，我們通過時間鳥瞰的方式，展望「遠未來的夢想↓中間未來的目標↓近未來的目標」，進而在現在與未來最終夢想之間，設定六到七個主要目標。這就是無法實現夢想的人，與實現夢想的人之間的差異。

無法實現夢想的人，因為不懂得引領人生走向夢想的方法，所以只能看著前方奔跑，但這種人通常眼光放不遠，不知道如何好好度過自己的人生。單純努力過好每天的生活是無意義的，過著與實現夢想無關，僅以工作為中心的生活和被剝削的奴隸並無二致。通過製作夢想地圖的過程，我們能眺望人生，擁有與自己人生時間軸相應的遠大藍圖，與最終夢想呼應的細部目標，才終於能過上高效率的人生。

第三種力量：更勇於接近目標

通常相較於現在的能力和所處環境，我們想在未來實現的夢想更宏大廣闊，這並不是問題。但要留意的是，很多人把最終夢想和自己當下狀況比較，質疑不怎麼樣的自己真的能逐步實現美好的夢想嗎？反而放棄了夢想。比方說，有人的最終夢想是在美國成立遊戲開發公司，但他看看現在的自己，遊戲相關知識不足、英文又差，實在太丟臉了，未來夢想遙不可及，便抹去了腦海中的最終夢想。

我們要用什麼方式避免這種狀況呢？答案是樹立支持最終夢想的主要目標。最終夢想雖然遠大，但我們在實現夢想的過程中，制定階段性的目標，依序從最大的夢想、中等程度的目標、小於中等程度的目標、更小的目標……直到離現在年齡最近的目標，像這樣子制定階段性目標，能讓實現夢想這件事變得相對容易。朝著最小的目標前進，不會有太大的壓力，反而能大無畏地踏上夢想旅程，最後逐漸產生「目標梯度效應」，一步步接近夢想。

第四種力量：更輕鬆地維持熱情

就算你制定了夢想計畫，但如果沒有妥善安排好主要目標之間的時程，也很難實現夢想。舉例來說，有個二十歲的大學生，打算在六十歲時實現最終夢想，假如他以十年為單位，用「二十歲、三十歲、四十歲、五十歲、六十歲」等差數列制定目標，那麼他將會面對意料之外的問題。以現在的二十歲為起點，第一個目標落在了三十歲，中間間隔了十年，在到達第一個目標之前就會因疲憊而放棄了。請大家回顧第二章介紹過的概念，就會理解我的意思。形成恆毅力的下級目標裡頭內含熱情與毅力，不過，要長時間保持朝著目標前進的熱情，比想像中困難，試想，每天想著十年後的目標不斷地前進，不僅難以想像，而且這對擁有平凡意志的普通人來說，肯定是個困難的課題。

既然如此，我們該如何是好？解決這個問題的答案也是製作夢想地圖。夢想地圖的核心概念之一，是放遠未來，制定人生的實質性目標「夢想」，利用等比數列樹立主要目標。利用等比數列繪製夢想地圖的好處是，以這名大學生現在的年齡二十歲為準，距離現在最近的目標是在二十歲半達成，他只要朝著半年後的第一個目標前進就夠了，就算是意志力薄弱的人，帶著熱情花半年左右的時間朝第一個目標奔跑，並不很難。半年後的目標與之後的目標相比，是比較小的目標，而且距離得近，假設我們實現了這個目標，在一年後就能朝著另一個目標奔跑，在兩年後又能奔向另一個目標，不斷地培養信心。

第五種力量：連結現在與未來的共鳴力量

請回顧第一章〈讓現在與未來面對面的「夢想」〉所介紹的內容：「未來並非偶然發生的意外，而是我們現在的想法與行為引起的連續波動，在未來的表面釋放出了力量。現在的所有事情本身都有力量與其前進的方向，會產生波動，朝未來的特定方向延伸。」

我想通過這段話強調一個概念，那就是「共鳴現象」。所謂的共鳴，是指外界施加的震動與物體固有頻率對上，使該物體的振幅加大的現象。例如，你在盪鞦韆，朋友配合鞦韆晃動的頻率推動鞦韆，你就會被推得更高，這就是共鳴現象引發的結果。

在人生中，我們同時擁有現在與未來兩種觀點，而無法實現夢想的人，這兩個觀點永遠都是分離的，他們認為現在就是現在，無法理解現在與未來是相連的，因此他們努力地度過每天，卻不懂得把現在的行動變成影響未來人生的能量。對現在人生所傾注的能量，能與未來人生產生共鳴，從而影響未來，但他們做不到。當我們擁有夢想地圖，就能期許與之相反的結果，按照夢想地圖的階段性目標，充實度過每一天，那麼現在與未來就會產生共鳴。今天我們消耗的能量為五十，當它符合夢想地圖的規劃，則它的實際力道可以達到一百以上。如此，我們就能更有效率地實現夢想。

總而言之，夢想地圖是引起我們人生共鳴現象的裝置，希望大家都能製作夢想地圖，利用它，使現在的人生與未來的夢想產生共鳴，讓歪斜的人生獲得校正的機會。最後，我希望大家能把這個祕密力量，分享給身邊所有心愛的人。

參考資料

書籍

1. 《感性與理性》（*Passion and Reason*），理查・拉薩魯斯（Richard Lazarus）著，目前無中譯本
2. 《聰明點》（*Get smart*），布萊恩・崔西（Brian Tracy）著，目前無中譯本
3. 《最終獲勝者的秘密》（결국 이기는 사람들의 비밀），李維文著，目前無中譯本
4. 《以關係為導向的時間管理術》（관계 중심 시간 경영），黃秉九著，目前無中譯本
5. 《恆毅力》（*Grit: The Power of Passion and Perseverance*），安琪拉・達克沃斯（Angela Duckworth）著，洪慧芳譯，天下雜誌，2020
6. 《尋找快樂的十五種方法》（*Hector and the Search for Happiness*），佛朗索瓦・勒洛爾（François Lelord）著，目前無中譯本
7. 《誰在操縱你的選擇》（*The Art of Choosing*），希娜・艾恩嘉（Sheena Iyengar）著，洪慧芳譯，漫遊者文化，2011
8. 《變老能得到什麼》（*Gelassenheit: Was wir gewinnen, wenn wir älter werden*），威廉・許密德

（Wilhelm Schmid）著，賴盈滿譯，愛米粒，2018
9. 《全心擁抱你》（*Limitless：Devotions for a Ridiculously Good Life*），力克·胡哲（Nick Vujicic）著，許妍飛譯，方智出版，2014
10. 《快樂》（*The Art of Happiness*），達賴喇嘛（His Holiness the Dalai Lama）、霍華德·卡特勒博士（Howard C. Cutler, M.D.）著，朱衣譯，時報出版，2003
11. 《言語之碗》，金允那著，游芯歆譯，究竟，2018
12. 《沉思錄》（*Meditations*），馬可斯·奧理略·安東尼努斯（Marcus Aurelius Antoninus）著，柯宗佑譯，遠流，2019
13. 《被討厭的勇氣》，岸見一郎、古賀史健著，葉小燕譯，究竟，2014
14. 《富翁的物種源始》（*A Natural History of the Rich*），理查·康尼夫（Richard Conniff）著，薛絢譯，大塊文化，2003
15. 《那件事》（*That Something*），保羅·麥爾（Paul J. Meyer）著，目前無中譯本
16. 《塞繆爾·厄爾曼之青春》（*Samuel Ullman and "Youth"*），瑪格麗特·E·阿姆布雷斯特（Margaret E. Armbrester）著，目前無中譯本
17. 《人類大歷史》（*Sapiens Sapiens: A Brief History of Humankind*），哈拉瑞（Yuval Noah Harari）著，林俊宏譯，天下文化，2018
18. 《想像力與加斯東·巴舍拉》（상상력과 가스통 바슐라르），洪明熙著，目前無中譯本
19. 《一種生活方式》（*Eine Art zu leben: Uber die Vielfalt menschlicher Wurde*），彼得·比里（Peter Bieri）著，目前無中譯本

20.《鳥飛的時候不會回頭》（새는 날아가면서 뒤돌아보지 않는다），柳詩畫著，目前無中譯本
21.《思維的疆域》（*The Geography of Thought：Why Asians and Westerners Think Differently...and Why?*），理查・尼茲彼（Richard E. Nisbett）著，劉世南譯，聯經出版，2007
22.《與成功有約》（*The 7 Habits of Highly Effective People*），史蒂芬・柯維（Stephen R. Covey）、西恩・柯維（Sean Covey），顧淑馨譯，天下文化，2020
23.《在二十九歲生日那天，我決定一年後去死》（29歳の誕生日，あと1年であのうと決めタ），葉山アマリ著，目前無中譯本
24.《安娜・卡列尼娜》（*Анна Каренина*），列夫・托爾斯泰（Leo Tolstoy）著，高惠群等譯，木馬文化，2016
25.《如何生活》（어떻게 살 것인가），柳時敏著，目前無中譯本
26.《能量巴士》（*The Energy Bus*），強・高登（Jon Gordon）著，蔣雪芬譯，商周出版，2009
27.《牧羊少年奇幻之旅》（*The Alchemist*），保羅・科爾賀（Paulo Coelho）著，周惠玲譯，時報出版，1997
28.《左手的力量》（*The power of your other had*），露西雅・卡帕席恩（Lucia Capacchione）著，目前無中譯本
29.《衰老和死亡之光》（*Light on Aging and Dying*），海倫・聶爾寧（Helen Knothe Nearing）著，目前無中譯本
30.《日本電產永守重信社長的四十二張傳真》（日本電産永守重信社長からのファクス42枚），川勝宣昭著，目前無中譯本

31. 《低飛的自尊》（자존감수업），尹洪均著，宋佩芬譯，商周出版，2017
32. 《當張夏碩的科學遇見哲學》（장하석의 과학, 철학을 만나다），張夏碩（Hasok Chang）著，目前無中譯本
33. 《資訊設計》（*Information Design*），羅伯特・雅各布森（Robert Jacobson）著，目前無中譯本
34. 《書籍的力量》（*The Power of Book*），亞當・傑克遜（Adam J. Jackson）著，目前無中譯本
35. 《改變一生的超級禮物》（*The Ultimate Gift*），吉姆・史都瓦（Jim Stovall）著，曹明星譯，中國主日學協會，2021
36. 《卓越的觀點》（탁월한 사유의 시선），崔鎮錫著，目前無中譯本
37. 《快樂工作人》（행복한 밥벌이），洪熙善、金大旭著，目前無中譯本

期刊文獻

1. 건축디자인 매체로서의 다이어그램 가능성에 관한 연구, 김현아・김광현, 〈학회 추계학술발표대회 논문집(계획계)〉, v.21 n.2, pp. 561-564, 대한건축학회, 2001
2. 다이어그램 구성수준과 시각화 속성에 관한 연구, 류시천・김홍배, 기초조형학연구, Vol. 5, No.2, pp. 193-204, 한국기초조형학회, 2004
3. 비주얼 패러그래프(Visual Paragraph)에서 정보 의미화-인터넷 뉴스 그래픽 중심으로, 노제희・한지애・류시천, 한국스마트미디어학회 2016 춘계학술대회 논문집, 2016
4. 빅데이터 통계그래픽스의 유형 및 특징-인지적 방해요소를 중심으로, 심미희・류시천, 한국스마트미디어학회 논문집, Vol. 3, No. 3, pp. 36-45, 2014

5. 영어교과서에 활용된 사용자 행위 반영형 인포그래픽 유형 분석: 교수・학습기준에 따른 유형을 중심으로, 전은경・한지애・류시천, 한국콘텐츠학회 논문집, Vol. 15, No. 5, pp. 651-660, 2015
6. 페이스북 이용이 삶의 만족도에 미치는 영향 : 주변 인물과 페이스북 친구와의 사회적 상・하향 비교 효과 분석, 송인덕, 사이버커뮤니케이션학보, Vol. 33, No. 4, pp. 209-254, 사이버커뮤니케이션학회, 2016
7. 2017 SNS 이용 및 피로증후군 관련 인식 조사, 윤덕환・채선애・송이뜸・김윤미, 리서치보고서, Vol. 2017 No.6, pp. 1-45, ㈜마크로밀엠브레인, 2017
8. The Effects of Contexts on Information Design(정보디자인에서 맥락의 영향), You, Sicheon, KAIST, 2015
9. The magical number seven, plus or minus two: Some limits on our capacity for processing information, Miller, G. A.,《Psychological Review》63(2), pp 81–97, 1956
10. Value of culturally oriented information design, Sicheon You・Myung-suk Kim・Youn-kyung Lim, Universal Access Information Society, Vol. 15, No. 3, pp. 369-391, Springer Berlin Heidelberg, 2014

HEART
心|視野 心視野系列 103

找到人生方向的一頁夢想地圖

把夢想拆解成「七個目標」，畫出來就能實現！

1 페이지 꿈지도 : 그리기만 하면 원하는 꿈을 이루는 라이프 로드맵

作　　　　者　柳時泉
譯　　　　者　黃菀婷
封 面 設 計　萬勝安
內 文 排 版　顏麟驊
責 任 編 輯　洪尚鈴
行 銷 企 劃　蔡雨庭
出版一部總編輯　紀欣怡

出　版　者　采實文化事業股份有限公司
業 務 發 行　張世明・林踏欣・林坤蓉・王貞玉
國 際 版 權　鄒欣穎・施維真
印 務 採 購　曾玉霞
會 計 行 政　王雅蕙・李韶婉・簡佩鈺
法 律 顧 問　第一國際法律事務所　余淑杏律師
電 子 信 箱　acme@acmebook.com.tw
采 實 官 網　www.acmebook.com.tw
采 實 臉 書　www.facebook.com/acmebook01

I S B N　978-986-507-948-2
定　　　價　360元
初 版 一 刷　2022年9月
劃 撥 帳 號　50148859
劃 撥 戶 名　采實文化事業股份有限公司
104臺北市中山區南京東路二段95號9樓
電話：（02）2511-9798　傳真：（02）2571-3298

國家圖書館出版品預行編目資料

找到人生方向的一頁夢想地圖：把夢想拆解成「七個目標」，畫出來就能實現！／柳時泉著；黃菀婷譯 . -- 初版 . -- 臺北市：采實文化事業股份有限公司，2022.09
288 面；14.8×21 公分 . --（心視野系列；103）
ISBN 978-986-507-948-2（平裝）
1. CST：自我實現　2. CST：生涯規劃
177.2　　111011816